GALOPS

Manuel + Questions/Réponses

1&2

VIGOT

Puisque tu as décidé de passer tes Galops d'équitation, ce manuel va t'aider à les réussir. Tu y trouveras tout ce que tu dois savoir, en plus des connaissances transmises par ton enseignant. C'est d'ailleurs lui qui va décider lorsque tu seras prêt à te présenter aux examens.

Comment utiliser ce manuel ?

Pour préparer et réussir chaque Galop, tu trouveras dans ce manuel un rappel complet de tout ce qui est prévu par le programme officiel. De nombreux dessins permettent de faciliter la compréhension des textes, qui sont eux-mêmes simples et précis. Des encadrés mettent en avant les points importants à retenir.

Comment tester tes connaissances ?

Des questions/réponses te permettent de vérifier que tu as bien appris et retenu tes leçons. Lis bien les questions et prends le temps d'y répondre en cochant les cases avec un crayon à papier, pour pouvoir gommer. Si tu hésites à répondre, reporte-toi à la partie correspondante du manuel. Ensuite, vérifie tes réponses en consultant les corrigés. D'autres questions te seront certainement posées lorsque tu passeras tes Galops, mais si tu as bien appris tout ce qui figure dans ce manuel, tu sauras y répondre et réussir tes examens.

Quelques conseils pour réussir tes examens

La veille de l'examen, couche-toi tôt pour être en forme le lendemain et ne pars pas sans avoir pris un bon petit déjeuner.

Prépare bien ton équipement, qui doit être propre, car tu seras également jugé sur ta tenue.

Pendant l'examen, il se peut que tu sois stressé, mais c'est simplement normal. Lorsque l'examinateur te pose une question, écoute bien et, si tu n'as pas bien compris la question, demande-lui des explications supplémentaires.

Bonne chance !

POUR RÉVISER, TU TROUVERAS

GALOP 1

DANS LE RESPECT DE LA CHARTE DU CAVALIER FFE

- Découvrir le poney ou le cheval et l'équitation.
- Côtoyer son poney ou son cheval à pied et au box.
- À pied : mener son cheval ou son poney sur un itinéraire simple et connu.
- En selle : marcher au pas, s'arrêter et diriger au pas, trotter enlevé en rythme sur un tracé simple, galoper quelques foulées.

CONNAISSANCES GÉNÉRALES

- Citer les règles élémentaires de sécurité à mettre en pratique à cheval.
- Citer les règles élémentaires de sécurité à mettre en pratique à pied.
- Se repérer et connaître les principaux espaces de son club.
- Expliquer ce qu'est son club, sa licence et sa fédération.
- Comprendre le vocabulaire spécifique du « Guide de préparation au Galop 1 ».
- Nommer : les parties du licol, les principales parties du filet, les principales parties de la selle.

CONNAISSANCE DU CHEVAL

- Être sensible au respect du cheval.
- Expliquer les caractéristiques principales du comportement du cheval.
- Indiquer les expressions et postures principales du cheval et ce qu'elles expriment.
- Reconnaître et nommer les trois allures : le pas, le trot, le galop.
- Reconnaître et nommer les trois robes de base : le noir, l'alezan, le bai.
- Nommer et montrer les principales parties extérieures du cheval.
- Définir les aides naturelles et artificielles.

S'OCCUPER DU CHEVAL

- Desseller, enlever le filet, laver le mors et ranger le matériel dans la sellerie.
- Amener sa monture en filet en main sur le terrain.
- Observer le poney ou le cheval et son comportement.
- S'en occuper avant et après l'avoir monté ou attelé.
- Capter l'attention du cheval ou du poney au box et à l'attache.
- Aborder le cheval ou le poney au box et à l'attache, changer de côté en sécurité.
- Caresser le cheval ou le poney.
- Mettre un licol.
- Utiliser une brosse sur l'ensemble de son corps et passer une étrille.
- Reproduire le nœud d'attache.

PRATIQUE ÉQUESTRE À PIED

- Se positionner à côté de son cheval ou de son poney.
- Mener en main au pas sur un tracé simple et connu, en alternant lignes droites et courbes des deux côtés.
- S'arrêter.
- Éloigner son cheval ou son poney de soi.

PRATIQUE ÉQUESTRE À CHEVAL

- Se mettre en selle à l'aide d'un montoir.
- Ressangler en selle avec une aide extérieure.
- Descendre en autonomie.
- Prendre et ajuster ses rênes. Les tenir correctement. Pouvoir les allonger, les relâcher et les reprendre.
- Chausser et déchausser les étriers.
- Être assis dans une bonne posture au pas.
- Rester en équilibre sur ses étriers quelques foulées au pas et au trot.
- Galoper quelques foulées.
- Effectuer des transitions simples et espacées entre l'arrêt, le pas et le trot.
- Diriger au pas.
- Trotter enlevé en rythme sur un tracé simple.

SOMMAIRE

Connaissances générales

Connaissance du cheval

S'occuper du cheval

Pratique équestre à pied

Pratique équestre à cheval

1 LE CENTRE ÉQUESTRE

Dans ton centre équestre, tu vas apprendre à monter à cheval ou à poney et tu vas participer à de nombreuses activités sportives liées à la pratique de l'équitation. Chevaux et poneys y sont hébergés généralement dans des boxes ou dans des paddocks.

ÉCOLE FRANÇAISE D'ÉQUITATION
LABEL QUALITÉ

Si tu n'as pas encore choisi un centre équestre, sache qu'il en existe un grand nombre, et qu'ils sont généralement situés à la périphérie des villes. Ce sont des établissements agricoles, consacrés à des activités physiques, sportives et parfois touristiques. Les centres équestres qui répondent à des critères bien définis peuvent bénéficier du label de qualité École française d'équitation (EFE). Ce label est attribué par de la Fédération française d'équitation (FFE). Il existe des centres équestres et des poney-clubs.

Principales parties du club

- C'est à l'**espace d'accueil** du public et des cavaliers que tu vas prendre ta licence de cavalier et t'inscrire à des cours d'équitation, généralement une fois par semaine.
- Le jour de la leçon, après qu'un cheval t'a été affecté, tu vas chercher ta selle et ton matériel dans la **sellerie**.
- Tu te rends ensuite dans les **écuries** ou au **paddock**, où se trouve le cheval que tu vas monter.
- Les **aires de douche et de soins** pour les chevaux sont situées à proximité des écuries.
- La paille, le foin et les aliments sont entreposés dans des **bâtiments** ou dans un **hangar**, à proximité de l'écurie.
- Le fumier des litières est stocké sur une **fumière**.

CONSEIL DU MONITEUR

Tu dois arriver environ une demi-heure avant le début de la leçon, pour avoir le temps de prendre contact avec ton cheval, de le panser et de le seller afin d'être prêt à le monter.

- Tu iras ensuite prendre ta leçon dans un **manège** couvert ou dans une **carrière** (espace ouvert).
- À proximité du club, des **itinéraires** naturels permettent assez souvent de partir en promenade et en randonnée.

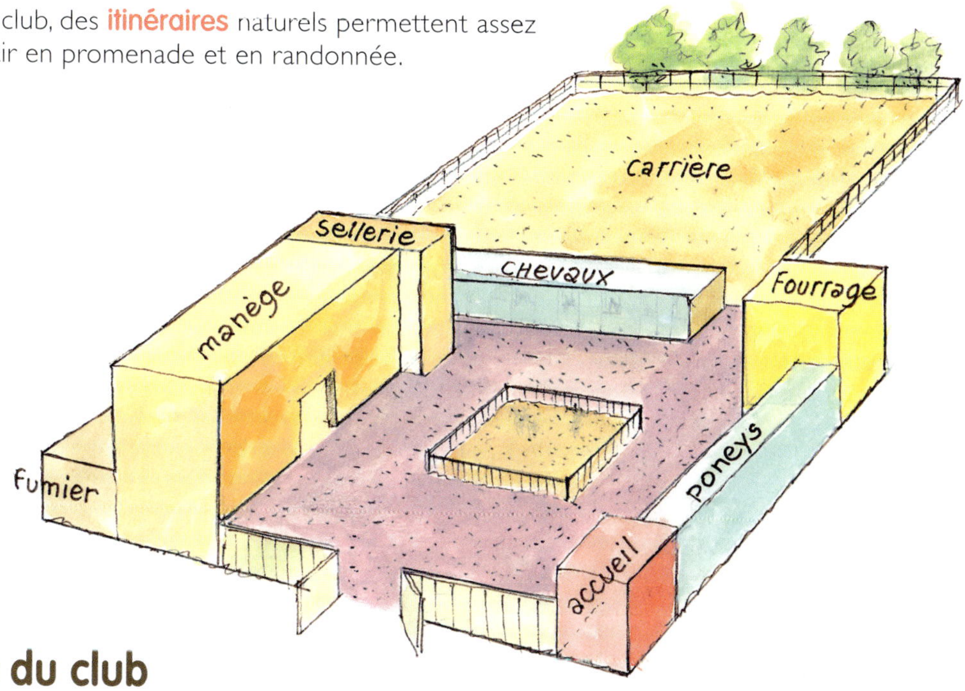

La cavalerie du club

Les chevaux ou les poneys du club ont l'habitude d'être montés collectivement, « en reprise », par des cavaliers de tous niveaux. Chacun a son propre caractère, et tu auras probablement ton préféré. Le moniteur te demandera certainement d'en changer d'une séance à l'autre, car un bon cavalier doit pouvoir s'adapter à toutes sortes de montures.

Organisation des reprises

La **reprise** est un cours collectif regroupant des élèves de même niveau. C'est lors d'une reprise que, guidé par un « chef de reprise » placé en tête du groupe, tu feras ton apprentissage de cavalier, en suivant les conseils de ton moniteur. Ce dernier est un cavalier confirmé et pédagogue, titulaire d'un diplôme reconnu par l'État et affiché à l'accueil du club. Progressivement, en passant tes **Galops**, tu apprendras à maîtriser ta monture, à sauter des obstacles, à passer partout en promenade et à participer à bien d'autres activités. Dans leurs débuts, la plupart des cavaliers passent un Galop par année, mais tout dépend de leur assiduité et de leurs capacités.

1 LA FÉDÉRATION FRANÇAISE D'ÉQUITATION

La Fédération française d'équitation (FFE) est une association loi de 1901 qui regroupe les centres équestres et les organismes pratiquant des activités équestres. Elle est administrée par un président et un comité fédéral, et a délégation du ministère chargé des sports pour gérer l'ensemble des compétitions équestres, les différentes formations de cavaliers et le développement de la pratique de l'équitation. Installée au parc équestre fédéral de Lamotte, elle propose des projets de qualité : formation des cavaliers à partir d'examens appelés « Galops », circuits sportifs, championnat de France, etc.

Les bienfaits de l'équitation

L'équitation est le premier sport féminin et le troisième sport le plus pratiqué en France après le football et le tennis. La pratique de l'équitation est très formatrice. Au cours de ton apprentissage de cavalier, tu apprendras à maîtriser tes émotions en forgeant ta volonté et ton caractère, et à respecter les chevaux tout en te faisant obéir par eux. Pour cela, tu devras t'intégrer dans un groupe de cavaliers ou dans une équipe de compétition.
À cheval, tu amélioreras ta forme physique ainsi que ta mémoire en apprenant ton hippologie. En passant tes examens d'équitation, tu te prépareras déjà aux futurs examens de ta vie scolaire. Les compétitions forgeront également ton caractère. Progressivement, tu prendras de plus en plus plaisir à monter à cheval dans le club, mais également à l'extérieur, en promenade et en randonnée.
Plus tard, tu pourras peut-être choisir l'un des nombreux métiers en contact avec les chevaux, et même avoir ton propre cheval.

LES LABELS DE QUALITÉ

La FFE attribue le label École française d'équitation aux clubs qui répondent aux critères de qualité. Ils sont alors régulièrement contrôlés par la FFE. Les clubs peuvent avoir pour mention Poney Club de France ou Cheval Club de France. Des labels existent pour les différentes activités.

La licence de cavalier

Lors de ton inscription au club, tu prendras une licence fédérale pour une année. Elle te donne accès aux examens d'équitation et aux compétitions officielles, et comporte une assurance individuelle qui permet d'obtenir des réductions et des tarifs préférentiels.

LA CHARTE DU CAVALIER

La FFE a établi une charte du cavalier basée sur le respect du cheval, des autres cavaliers, de l'environnement ainsi que des valeurs du sport qui peut se pratiquer en plein air.

Les Galops

Les examens d'équitation, les Galops, comportent neuf niveaux spécialisés et sont décernés par une personne habilitée par la FFE, qui s'assure que les cavaliers ont bien acquis le niveau correspondant au Galop préparé. C'est ton moniteur qui va décider si tu as acquis le niveau nécessaire pour passer l'examen en question.

Chevaux et poneys : une grande famille.

Comme pour chaque sport, un équipement adapté est nécessaire pour monter confortablement à cheval en toute sécurité. Voici les principaux éléments de ta tenue de cavalier, que tu peux acquérir progressivement.

Le casque

À cheval, le port du casque est obligatoire. Lorsque tu l'achètes, tu dois t'assurer qu'il répond bien à la norme en vigueur et qu'il dispose d'une protection de la nuque et d'un système de fixation à trois points garantissant sa tenue sur la tête. Choisis un modèle léger, adapté à la dimension de ta tête. Les clubs prêtent généralement des casques aux débutants, mais il est préférable, pour des questions d'hygiène, d'avoir le tien.

Les bottes ou les minichaps

À cheval, il est nécessaire de protéger les mollets des frottements et de la sueur du cheval. Tu peux donc opter pour des bottes à longue tige, en synthétique ou en cuir. Autre option : les boots (bottines) associées à des minichaps, ce qui est plus pratique car tu peux les enlever indépendamment des boots. Quel que soit ton choix, ce que tu portes aux pieds doit avoir un petit talon, pour éviter que le pied ne passe à travers l'étrier, ce qui serait dramatique en cas de chute. Attention aussi aux bottes ayant une semelle trop large ou des crampons très épais, susceptibles également de rester accrochées dans l'étrier.

La culotte d'équitation

Au début, tu peux monter à cheval avec un jogging, mais tu seras beaucoup plus à l'aise avec un pantalon d'équitation en tissu élastique. Évite le jean serré, dont la couture peut te blesser à l'entrejambe.

Habiller le haut du corps

Habille le haut de ton corps en fonction de la température, à condition que tu sois à l'aise. Préfère le « multicouches », pour pouvoir enlever les vêtements l'un après l'autre au cours de la leçon si tu as trop chaud. Évite les vêtements flottants ou les pulls trop longs, qui peuvent s'accrocher dans le troussequin, ainsi que les longues écharpes. Pour ne pas avoir mal aux reins, protège du froid cet endroit sensible. Par temps de pluie, mets une parka avec une fermeture à double sens, qui peut s'ouvrir de bas en haut, pour ne pas gêner au niveau du pommeau. Les randonneurs utilisent de longs imperméables, qui protègent les jambes et recouvrent entièrement la selle.

Les pieds et les mains

En hiver, ce sont les pieds qui souffrent le plus du froid lorsqu'ils sont immobilisés par les étriers. Choisis des chaussettes en laine ou mets deux couches de chaussettes plus fines. Mais sache que les chaussettes sales isolent mal du froid ! Il existe maintenant des bottes « spécial hiver ». Les gants protègent les mains et favorisent la tenue des rênes. Les modèles adaptés à l'équitation sont renforcés au niveau du passage des rênes.

CONSEIL DU MONITEUR

Pour éviter les irritations dues aux frottements, préfère des sous-vêtements en coton plutôt qu'en matière synthétique. Le pantalon d'équitation doit être lavé régulièrement pour conserver toute sa souplesse et ne pas blesser aux zones de frottement.

Temps froid : un gilet chaud ne te gênera pas

1 PRÉCAUTIONS DE SANTÉ

L'équitation a la particularité de faire intervenir un animal dont on ne prévoit pas toujours les réactions. L'apprentissage du cavalier va donc de pair avec la connaissance du comportement du cheval. Prudence oblige, il faut respecter les mesures de sécurité décrites tout au long de ce manuel. Comme pour tous les sports, tu auras quelques problèmes à résoudre, mais ils sont rarement graves. Voici les principaux.

Mal aux fesses !

La peau sensible des fesses, des cuisses et des mollets peut être irritée ou blessée par les frottements et les chocs répétés sur la selle. Une culotte d'équitation à ta taille, des sous-vêtements en coton et des bottes adaptées devraient limiter les problèmes tant que les zones sensibles ne sont pas endurcies ! Tu peux soigner tes irritations avec une pommade adaptée.

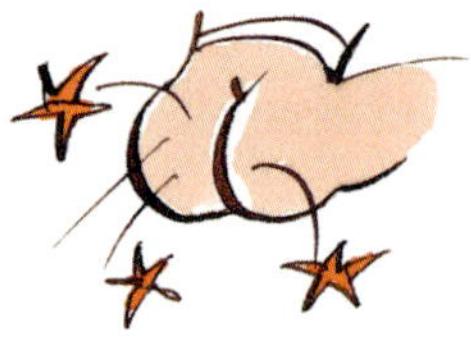

Courbatures douloureuses

Dans les jours qui suivent les premières leçons d'équitation, tu souffriras certainement de courbatures, car à cheval tu utilises des muscles qui ne travaillent ordinairement que peu ou pas du tout. Pas d'affolement, les courbatures disparaissent après quelques jours. Si le mal persiste, tes parents te feront certainement consulter un médecin, mais les courbatures se feront de moins en moins sentir si tu montes régulièrement.

Problèmes de dos (lombalgies)

Lorsqu'on adopte une bonne posture à cheval, la pratique modérée de l'équitation provoque rarement des douleurs de dos. Des sports complémentaires, comme le cyclisme, la course à pied et surtout la natation, musclent progressivement le dos, pour le rendre plus résistant.

CONSEIL DU MONITEUR

Des douleurs au ventre avant de monter à cheval font certainement suite à des crispations dues à l'anxiété. Relaxe-toi, respire à fond et parles-en à ton moniteur, car tu n'es certainement pas le seul dans ce cas. Ces problèmes vont progressivement disparaître lorsque tu reprendras confiance.

Bien des accidents sont évités si tu suis quelques règles simples de sécurité, dont voici les principales. Dès le début, tu dois prendre l'habitude de les respecter.

Ta tenue à cheval

- Ne monte jamais à cheval sans protéger ta tête au moyen d'un casque aux normes réglementaires.
- Porte une tenue adaptée ; évite les bijoux, qui peuvent rester accrochés dans la crinière, ainsi que les écharpes longues.
- Si tu montes avec des étriers, ne mets pas de chaussures sans talons, elles risqueraient de passer à travers, ni de chaussures à lacets.

Pas de jeux bruyants derrière les chevaux.

Ton comportement

- Salue les personnes que tu rencontres.
- Ne cours pas dans tous les sens et ne crie pas dans le club, car cela excite les chevaux.
- Ne fais pas de gestes brusques à côté des chevaux. Préviens-les, car ils peuvent avoir des réactions vives.

1 > PRINCIPALES RÈGLES DE SÉCURITÉ ET DE COMPORTEMENT À PIED ET À CHEVAL

CONSEIL DU MONITEUR

Le cheval est plus fort que toi, aussi n'essaie jamais de t'imposer par la force : tu serais toujours perdant. Ton moniteur connaît bien ses chevaux, alors écoute ses conseils pour que tout se passe le mieux possible.

- Ne crie pas et ne chahute pas à proximité des chevaux.
- Respecte les autres cavaliers, même si tu estimes qu'ils montent moins bien que toi.
- Obéis à ton moniteur et suis ses consignes.
- Prends soin du matériel et range-le après utilisation.
- Sois poli avec tout le personnel de l'écurie.
- Sache qu'il est strictement interdit de fumer dans l'enceinte du club et que les chiens doivent être tenus en laisse.

Dans l'écurie

- Ne surprends jamais un cheval, qu'il soit au box ou à l'attache.
- Pour entrer dans le box, ouvre la porte en grand pour qu'il ne s'accroche pas dans le battant et, lorsque tu es dans le box, referme la porte pour qu'il ne s'échappe pas.
- Une fois dans le box, libère le cheval après l'avoir tourné vers la sortie, pour éviter qu'il ne recule pour sortir.
- N'attache pas un cheval près d'une voiture ou d'un objet qui pourrait le blesser, ou trop près d'un autre cheval.
- Ne laisse pas les chevaux se flairer, car ils pourraient se quereller.
- Respecte les distances de sécurité entre chevaux.
- Méfie-toi des réactions des chevaux : même un sujet docile peut se montrer agressif avec les autres, notamment au moment de la distribution de nourriture.
- Attention en pansant ou en sanglant un cheval, qui peut mordre à ce moment-là.

En reprise, il faut « garder ses distances ».

Dans le manège ou la carrière

- N'entre pas dans la carrière ou dans le manège sans demander l'autorisation au moniteur, car ton arrivée pourrait gêner les chevaux qui y évoluent.
- Range-toi sur la ligne du milieu et respecte toujours les distances de sécurité avec les autres chevaux.
- Avant de former la reprise, les cavaliers doivent se ranger les uns à côté des autres.
- Ne lâche jamais un cheval, sauf s'il s'agit d'un exercice demandé par ton moniteur.
- Respecte les consignes de sécurité dans le manège, ainsi que les priorités qui te sont expliquées tout au long de ce manuel.

CONNAÎTRE LE CHEVAL

*Le cheval est un **mammifère** car la jument porte ses petits et les allaite avec ses mamelles. C'est un **herbivore** qui se nourrit de végétaux (herbe, foin). C'est également un **ongulé**, car ses pieds sont protégés par des sabots, qui sont des boîtes cornées.*

*Le cheval est un animal **grégaire** qui vit naturellement en groupe ou en troupeau, animé par des rapports sociaux. Jadis proie des grands **prédateurs**, et malgré près de 5 000 ans de domestication, le cheval conserve un comportement craintif d'animal sauvage, réagissant vivement lorsqu'il se sent en danger. Il est donc nécessaire de tenir compte de ses comportements dans son milieu naturel ; cette science s'appelle l'**éthologie**.*

1 COMMENT RÉUSSIR LES GALOPS

Tu as décidé d'apprendre à monter à cheval, bravo ! La meilleure manière de te perfectionner consiste à te confronter au programme de formation des Galops. Au cours de ton apprentissage de cavalier, ton moniteur te proposera en effet de passer ces examens lorsqu'il te sentira prêt. Le programme des Galops comporte des épreuves à pied et à cheval, ainsi que des interrogations portant sur des connaissances théoriques. Il y a neuf Galops au total, mais ton premier but consiste à obtenir les quatre premiers, qui correspondent au brevet de cavalier. Ce dernier te permettra, par exemple, de participer à des épreuves de dressage ou d'obstacle, et de partir en promenade ou en randonnée en toute sécurité.

Révision avec manuel.

Au cours de ta formation de cavalier, tu pourras t'orienter vers des disciplines particulières, qui ont leurs propres programmes d'examen : tourisme équestre, voltige, attelage, monte en amazone, etc.

Comment réussir tes Galops

- Pour améliorer tes chances de réussite aux examens, suis bien **les conseils de ton moniteur :** il a l'habitude des problèmes vécus par les cavaliers débutants. Il connaît également bien ses chevaux. Chaque Galop comprend des modules portant sur la pratique équestre, les soins aux chevaux, le travail à pied et les connaissances théoriques. N'attends pas le dernier moment pour réviser les connaissances théoriques de ton programme ; avec les cavaliers de ton club, vous pouvez vous interroger mutuellement pour vérifier que vous avez bien retenu tout ce qui peut vous être demandé à l'examen.
- Avant l'examen, **prépare ton équipement** pour qu'il soit prêt le moment venu. La veille des épreuves, couche-toi tôt pour être en forme le lendemain et arrive suffisamment tôt au club, pour avoir le temps de préparer ton cheval calmement, sans être stressé.
- Le matin des épreuves, prends un solide petit déjeuner. Si tu as bien appris tes leçons, sois confiant, tout devrait se passer correctement.
- Si tu n'as pas bien compris une question pendant l'examen, demande des explications supplémentaires à l'examinateur. Et si tu ne sais pas répondre, ne t'affole pas, tu te rattraperas avec d'autres questions.

Bonne réussite, cavalier, tu as bien de la chance d'apprendre à monter à cheval. Et que l'équitation reste toujours un plaisir pour toi !

L'équitation te permet d'être directement en contact avec le cheval, un animal que tu dois respecter et comprendre, en prenant le temps de t'occuper de lui et de le soigner pour sauvegarder sa santé et son bien-être. Il ne suffit pas en effet de prendre plaisir à le monter, tu dois également apprendre à connaître ses besoins et ce qui motive son comportement et ses réactions.

Ânes, chevaux et poneys font partie de la famille des équidés.

Évolution

Tu comprendras mieux les réactions du cheval si tu connais son évolution. Il y a plusieurs dizaines de millions d'années, le cheval avait la taille d'un renard et vivait surtout dans les forêts. Comme tous les herbivores, il doit manger souvent car son estomac est relativement petit, mais ce n'est pas un ruminant comme la vache.

Lorsqu'il a commencé à fréquenter les prairies, ses membres se sont progressivement allongés et sa taille a augmenté, ce qui lui a permis d'échapper aux prédateurs qui le chassaient.

Il y a environ cinq mille ans, le cheval a été domestiqué, bien après le chien par exemple. Les hommes se sont alors servis de lui pour tirer des charges ou les porter (cheval attelé ou cheval bâté), puis pour transporter des cavaliers. Il a été utilisé pour la guerre (cavalerie) et l'agriculture, avant que le tracteur ne le remplace. Aujourd'hui, c'est surtout un animal de sport et de loisir.

La famille des équidés

Le cheval, le poney, l'âne, la mule et le zèbre sont classés dans la famille des **équidés**.

Ce sont des **ongulés**, car les extrémités de leurs membres sont terminées par des boîtes cornées appelées sabots.

Ce sont également des **mammifères**, car la femelle porte ses petits et les allaite.

CONSEIL DU MONITEUR

Si tu en as la possibilité, observe les chevaux lorsqu'ils sont en groupe. Tu verras qu'ils ne sont pas toujours tendres entre eux, surtout lorsque de la nourriture est en jeu. Les dominants ont tendance à s'imposer aux autres et à les chasser.

Comme à l'état naturel ils se nourrissent de végétaux (herbe), ce sont des **herbivores**. Les granulés qu'on leur donne, par exemple, sont composés en grande partie de végétaux.

CONSEIL DU MONITEUR

Dans tous tes contacts avec les chevaux, sache qu'ils ressentent tout de suite si tu es stressé ou énervé. Efforce-toi de rester calme et ferme à la fois, pour rassurer le cheval et lui donner confiance en toi, afin qu'il t'obéisse plus facilement.

Cheval ou poney ?

Sont officiellement classés comme poneys les chevaux dont la taille est inférieure à 1,48 m au garrot. La plupart des chevaux de race camargue, par exemple, peuvent être officiellement classés parmi les poneys, et certains grands poneys (on parle parfois de doubles poneys) pourraient être considérés comme des chevaux.

Des centimètres qui font aussi la différence :

Inférieur à 1, 48 m

Supérieur à 1, 48 m

Pour comprendre les réactions des chevaux, il faut savoir qu'à l'état naturel, ils vivent en troupeaux, où chacun occupe une place précise (hiérarchie). Ce sont des animaux grégaires (instinct de groupe). Certains s'entendent bien, mais d'autres pas, ce qui explique les querelles entre eux. Malgré sa domestication et la disparition des grands prédateurs, le cheval reste craintif et tu dois en tenir compte dans toutes tes relations avec lui. S'il est surpris, il cherche généralement à fuir comme il le ferait face à un prédateur, et peut avoir des réactions de défense car il se méfie de tout ce qu'il ne connaît pas.

En se laissant caresser la tête, ce cheval accepte son cavalier.

Les chevaux communiquent entre eux par un langage corporel (attitudes) et par un langage vocal (hennissements). Observer leurs postures et leurs attitudes permet de deviner leurs réactions et d'éviter bien des problèmes, mais rares sont les chevaux méchants ou agressifs.

Comment l'aborder

Lorsque tu abordes un cheval, évite tout geste brusque. Observe-le et parle-lui avec une voix douce, en l'approchant du côté de la tête. S'il est en pâture avec d'autres, tiens également compte de ceux qui sont tout près de lui afin de ne pas te faire bousculer. Pour détecter les humeurs du cheval, observe en premier lieu ses oreilles.

- **S'il pointe ses oreilles vers toi** et qu'il avance son nez dans ta direction lorsque tu es près de lui, c'est qu'il te fait confiance. Tu peux alors l'approcher en tendant ta main vers lui et le caresser.
- **S'il couche ses oreilles vers l'arrière,** qu'il pince ses naseaux et a un regard agressif, c'est qu'il est de mauvaise humeur et qu'il essaie de t'intimider. Parle-lui d'une voix ferme et méfie-toi, car il peut chercher à te mordre.
- **S'il tourne ses fesses vers toi** quand tu entres dans le box, méfiance ! Pourtant, ne te laisse pas impressionner, car il cherche à t'intimider. Si tu crains qu'il ne botte, appelle le moniteur ou une personne expérimentée, qui lui fera entendre raison. Ne recule pas s'il avance vers toi, car tu perdrais ton autorité.
- **S'il a les oreilles pointées sur la tête et semble en état d'alerte,** tête haute et regard fixe, éventuellement en tournant dans le box, c'est qu'il est inquiet. Tu dois le rassurer et gagner sa confiance en lui parlant et en le caressant.
- **S'il est assoupi, ne le surprend pas,** appelle-le en lui parlant calmement.

EXPRESSIONS DE CAVALIERS

- *Le cheval a une **bouche** et pas une gueule, comme c'est le cas pour le chien, le lion, etc.*
- *Il n'a pas de pattes, mais des **membres** ou des **jambes**, **antérieures** (devant) et **postérieures** (derrière).*

Fais attention au cheval surpris qui rue, le coup part si vite qu'on ne peut l'éviter !

IL PARLE AVEC LES OREILLES

- ***Oreilles mobiles :*** *il est attentif et confiant.*
- ***Oreilles droites et dirigées vers l'avant, encolure tendue :*** *il cherche à identifier quelque chose.*
- ***Une oreille droite et l'autre mobile :*** *il est perplexe ou écoute deux choses en même temps.*
- ***Oreilles légèrement tournées vers l'arrière :*** *il est agacé.*
- ***Oreilles complètement couchées vers l'arrière :*** *il est franchement en colère, prêt à agresser.*

- **S'il s'éloigne de toi et se réfugie au fond du box** avec des signes de crainte, comme le font souvent les jeunes chevaux, c'est qu'il a certainement peur de toi. Aborde-le très doucement en lui laissant le temps de s'habituer à toi et en lui parlant d'une voix calme pour le rassurer. Tends la main vers lui et essaie de le caresser.
- Le plus souvent, les chevaux se reposent en restant debout, la tête basse, les oreilles tombantes, souvent en appui sur trois pieds. Ils peuvent également se coucher avec la tête relevée, et plus rarement complètement allongés sur le côté. S'il sommeille, laisse-lui le temps de se réveiller et, s'il est allongé, fais attention à ce qu'il ne te bouscule pas en se relevant.
- Lorsque plusieurs chevaux en pâture broutent tête basse, il y en a toujours un qui observe, comme une sentinelle, pour signaler ton arrivée aux autres.
- Si tu abordes brusquement un cheval en pâture, tu as de fortes chances de le voir s'en aller. Surtout, ne cours pas, car tu l'exciterais. En l'approchant, arrête-toi dès qu'il fait mine de s'éloigner, recule éventuellement de quelques pas et attends qu'il reprenne confiance avant de t'approcher à nouveau de lui. Attention à ce que les autres chevaux ne te bousculent pas.

Un cheval en confiance vient naturellement à toi.

CONSEILS DU MONITEUR

- Si le cheval plaque la queue entre ses fesses, méfiance. Un coup de pied est à craindre.
- Le cheval gratte le sol avec un antérieur : il montre des signes d'impatience. Mais il peut aussi frapper le sol avec un pied pour se débarrasser des mouches qui l'importunent.
- Les chevaux sont souvent très excités lors de la distribution des aliments, et ont alors tendance à se chamailler. Tiens-en compte, car tu pourrais te faire bousculer, et laisse-les tranquilles lorsqu'ils mangent.

LES PRINCIPALES PARTIES EXTÉRIEURES DU CHEVAL

1

En équitation, le corps du cheval est divisé en trois parties, désignées par rapport aux mains du cavalier : l'avant-main, située devant, le corps, situé sous le cavalier, et l'arrière-main, située derrière. Chaque partie du corps a un nom précis, que tu dois connaître. Pour mémoriser tous ces noms, entraîne-toi avec les autres cavaliers du club.

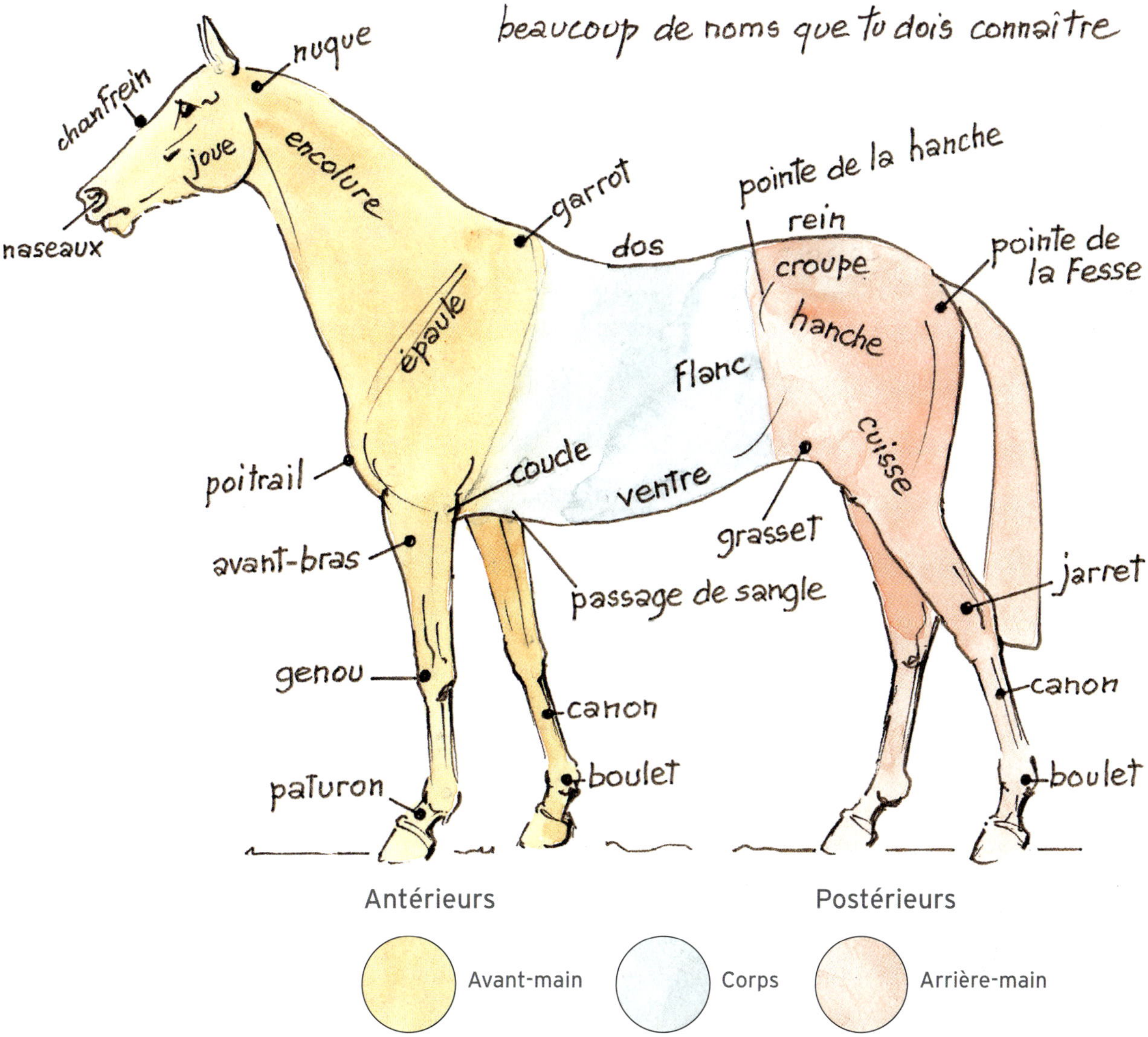

1 LES TROIS ALLURES PRINCIPALES DU CHEVAL

Lorsque le cheval est en mouvement, tu peux observer qu'il ne pose pas toujours ses membres dans le même ordre. Il utilise en effet plusieurs allures qui correspondent à différentes façons de se déplacer. Les trois allures principales sont le pas, le trot et le galop.

CONSEIL DU MONITEUR

Observe les chevaux qui se déplacent et tu constateras qu'une même allure peut être relativement lente ou plus rapide. On parle de **galop rassemblé** lorsque le cheval galope lentement et de **galop allongé** lorsqu'il va plus vite. Au galop de course, un cheval peut dépasser les 60 kilomètres à l'heure !

Le pas

C'est l'allure la plus lente, qui semble te bercer. L'allure est dite « marchée », car le cheval a toujours au moins deux pieds en même temps en contact avec le sol.

En l'écoutant marcher, tu peux entendre les quatre temps qui rythment le pas, correspondant au « poser » de chacun de ses membres : 1, 2, 3, 4, puis encore 1, 2, 3, 4, etc.

Le trot

En accélérant le pas, le cheval passe naturellement au trot. Tu ressens alors des chocs qui peuvent te faire rebondir sur la selle, car le trot est une allure sautée à deux temps. Entre deux temps de trot, le cheval n'a aucun pied en appui sur le sol.

En écoutant trotter le cheval, tu peux compter deux temps : 1, 2, puis à nouveau 1, 2, etc.

Le galop

C'est l'allure la plus rapide. Elle est sautée et comprend trois temps, suivis d'une période de suspension pendant laquelle aucun membre n'est à l'appui.

En écoutant un cheval galoper, tu peux compter le rythme du galop : 1, 2, 3, puis, après un léger temps de suspension, 1, 2, 3, etc.

Tu apprendras plus tard que le cheval peut « galoper à droite » ou « galoper à gauche ».

> LES TROIS ALLURES PRINCIPALES DU CHEVAL

1 LES TROIS ROBES DE BASE

Les poils, les crins, la peau, les yeux, mais également les extrémités des membres, du bout du nez, etc., forment la robe du cheval. Suivant leur couleur, les robes sont regroupées par familles. Tu dois apprendre à déterminer à quelle famille de base appartient la robe d'un cheval en observant la couleur de ses poils, de ses crins, de sa peau et de ses yeux, sans tenir compte cependant des poils blancs.

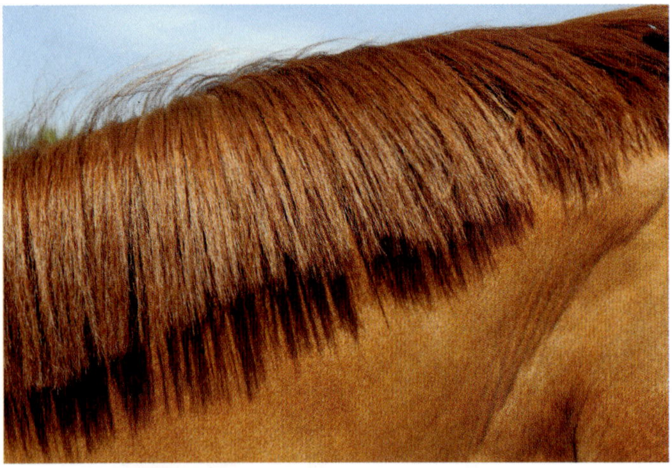

Voici comment identifier les trois familles de robes de base (cette classification date de 1999) : la famille des alezans, la famille des bais et la famille des noirs. La connaissance de la quatrième famille (dite des « autres robes ») est au programme du Galop 2.

Observe comme la crinière de ce cheval alezan est bien toilettée.

	Caractéristiques des robes		
Nom	**Famille des alezans**	**Famille des bais**	**Famille des noirs**
Couleur des poils	Poils fauves (marrons)	Poils fauves (marrons) avec plusieurs variantes	Poils noirs
Couleur des crins	Crins fauves plus ou moins foncés mais jamais noirs	Crins et extrémités noirs, mais des marques blanches sont possibles, notamment sur les membres	Crins noirs
Couleur de la peau	Peau souvent claire, mais jamais rose	Peau noire	Peau noire
Couleur des yeux	Yeux foncés	Yeux foncés	Yeux foncés

CONSEIL DU MONITEUR

Les robes simples sont faciles à identifier, mais de nombreuses nuances existent dans chaque famille. Un alezan peut en effet être clair, ou brûlé lorsqu'il est très foncé. Un noir peut être carrément noir (rare), ou pangaré lorsque des poils fauves sont mélangés aux poils noirs.

BAI
crinière et queue noires, poils fauves

NOIR
robe et crins noirs

ALEZAN
robe et crins fauves

À SAVOIR

Pour observer la couleur de la peau, il faut soulever une touffe de poils.

La taille de l'animal doit être adaptée à celle du cavalier. Ainsi, quel que soit ton âge, tu peux t'occuper toi-même de ton poney ou de ton cheval.

Avant de monter un cheval et après l'avoir fait, prends le temps de t'occuper de lui car il adore ça. Tous deux apprenez ainsi à vous connaître mutuellement, car chaque cheval a son propre caractère et tu dois t'accorder avec lui.

Soins avant et après le travail

- Évite de donner trop de friandises au cheval que tu vas monter car ça le rend capricieux et l'incite à mordre en allant les rechercher.
- Tu dois le panser avant de le seller : le pansage représente la toilette du cheval. Le frottement de l'étrille et de la brosse lui est agréable, ce qui renforce votre complicité.
- Après la leçon, il mérite également que tu t'occupes encore de lui. S'il a transpiré, tu peux le bouchonner en le frottant avec une poignée de paille sèche. Brosse-le, cure ses pieds et assure-toi qu'il n'est pas blessé, notamment sous la selle ou au passage de sangle. Tout cela est expliqué dans les pages consacrées au pansage (pages 36-37). Range ensuite la selle et lave la partie métallique du mors avant de ranger le filet.

Les soins aident à faire connaissance avec le cheval.

Comment capter l'attention d'un cheval

Même s'il ne le montre pas, ton cheval est très attentif à toi. Préviens-le quand tu l'approches.

- Lors du pansage, vous apprenez déjà à vous connaître mutuellement. Sois gentil avec lui, mais fais-toi respecter. S'il vient te flairer, c'est normal, mais il ne doit pas te mordre. Ne te laisse pas non plus coincer contre un mur.
- Préviens toujours un cheval avec la voix lorsque tu désires l'aborder, afin de ne pas le surprendre. Ensuite, caresse-le pour lui montrer que tu ne lui veux pas de mal. Sois toujours calme : si tu es nerveux, tu rendras ton cheval nerveux, car il ressent très bien ton humeur du moment.
- La plupart des chevaux apprécient les caresses et même les gratouillis, comme le font les jeunes chevaux qui se grattent mutuellement en pâture. D'autres sont moins affectueux et plus indépendants. D'autres enfin sont chatouilleux et n'apprécient pas certaines caresses. Tiens-en compte, et n'insiste pas s'il couche les oreilles ou essaie de te pincer lorsque tu le caresses ou que tu le panses.

CONSEIL DU MONITEUR

Si les chevaux de ton club sont enfermés presque toute la journée dans leur box, ils peuvent être agacés par l'arrivée du cavalier qui va les monter. C'est moins le cas s'ils ont la chance de vivre dehors. De toutes façons, sois ferme, jamais brutal avec le cheval, mais fais-toi respecter, même lorsque tu es à pied, et ne le dérange pas quand il mange.

Apprends à te faire apprécier par les chevaux !

1 APPRENDRE À CAPTER L'ATTENTION D'UN CHEVAL

Le cheval est très sensible à son environnement et peut se montrer craintif lorsqu'il est surpris ou qu'il se trouve dans une situation qui lui est inconnue. Ne sois pas étonné s'il se méfie de toi lorsque tu veux l'approcher, c'est à toi de lui donner confiance en captant son attention.

Ne le surprends jamais

Ne surprends pas un cheval lorsqu'il sommeille ou en avançant derrière lui alors qu'il ne peut pas te voir. Mets-toi dans son champ de vision, devant lui ou sur le côté, plutôt sur la gauche, car il y est plus habitué. Un petit claquement de langue permettra de capter son attention.

Parle-lui

En t'approchant, parle-lui d'une voix douce, en l'appelant par exemple par son nom. Comme le dit le dicton, « caresse le cheval avec la voix avant de le caresser avec la main ».

CONSEIL DU MONITEUR

Prends tout ton temps en abordant un cheval, surtout s'il semble inquiet. Si tu es toi-même stressé, parce que tu es en retard par exemple ou que tu es angoissé, tu vas lui communiquer tes tensions et il se méfiera de toi. Rares sont les chevaux de club agressifs, mais tu dois toujours rester attentif à leurs réactions.
Au fil des années, tu vas découvrir toutes les subtilités du comportement du cheval, ce qui améliorera ta relation avec lui.

Sais-tu que l'œil du cheval est plus gros que celui d'une baleine ?

Observe ses réactions

Si le cheval tend son encolure vers toi, oreilles pointées vers l'avant, c'est bon signe. Il a confiance en toi. Inversement, s'il te tourne le dos et couche les oreilles, c'est qu'il essaye de t'impressionner pour que tu ne l'approches pas. Reste ferme et, même si tu n'es pas en confiance, ne le montre pas. Continue à lui parler d'une voix ferme, mais sans crier, et tends la main vers lui pour le rassurer.

Approche-toi toujours du cheval calmement et arrête-toi s'il essaie de s'éloigner.

Caresse-le

Dès que le cheval est à ta portée, caresse-le sur l'encolure ou sur la tête tout en continuant à lui parler calmement. La plupart des chevaux adorent les caresses, mais certains les apprécient moins. À toi de les doser en tenant compte des réactions de ton cheval.

Le cheval est un peu méfiant, ne lui caresse pas tout de suite la tête.

Quel que soit son caractère, un cheval reste toujours plus ou moins craintif lorsqu'il estime être en danger. Qu'il soit en box, en stalle à l'attache ou au paddock, préviens-le en lui parlant pour ne pas le surprendre et approche-le plutôt du côté gauche, car il en a l'habitude.

Aborder un cheval au box

Prépare le licol ou le filet et, dès la porte du box, commence à parler à ton cheval pour capter son attention. Entre doucement et referme la porte pour qu'il ne soit pas tenté de s'échapper. Continue à lui parler en t'approchant calmement de sa tête du côté gauche. Ne te laisse pas coincer contre le mur et, si nécessaire, pousse-le doucement pour qu'il libère le passage. Caresse son encolure, puis son chanfrein, pour le rassurer, et mets-lui calmement le licol ou le filet. Ensuite, remercie-le avec une caresse.

En box, aborde le cheval franchement.

Aborder un cheval en stalle

Dans les stalles, les chevaux sont séparés par des bat-flanc et sont attachés au licol. Il faut donc les aborder par derrière et sur le côté, après les avoir prévenus de ton arrivée. Si nécessaire, pousse la croupe du cheval sur le côté pour pouvoir passer et fais glisser ta main jusqu'à sa tête. Les stalles sont cependant de plus en plus rares dans les clubs.

Aborder un cheval attaché

Aborde-le à l'attache de la même façon qu'au box, mais jamais directement par-derrière, car un petit angle mort l'empêche de voir ce qui se situe juste derrière lui.

Aborder un cheval au paddock ou dans une pâture

En pâture, le cheval a la possibilité de s'éloigner de toi s'il le désire. Tu dois donc avancer tout doucement et t'arrêter dès qu'il fait mine de partir. Tends la main vers lui, si possible avec une friandise, et aborde-le en direction de la tête. Les doigts qui donnent la friandise doivent être serrés pour éviter les morsures. Surtout, ne cours pas, car il sera toujours plus rapide que toi. Si possible, fais-le avancer dans un coin, où il sera plus facile de l'approcher. Arrivé près de lui, caresse-le et passe ton bras ou la longe par-dessus l'encolure, puis mets-lui le licol. Attention, « tant que le licol n'est pas bouclé, le cheval n'est pas attrapé ».

CONSEIL DU MONITEUR

En général, les chevaux adorent les caresses, mais certains chatouilleux les apprécient moins. À toi de sentir ce que ton cheval aime ou n'apprécie pas en observant ses oreilles, qu'il met en arrière s'il est contrarié. Normalement, il aime les caresses sur la tête, sur l'encolure, sur la poitrine, sur le dos et sur la croupe.

Changer de côté en toute sécurité

Pour panser un cheval, par exemple, il est nécessaire de changer de côté. Passe lentement sous l'encolure pour ne pas le surprendre, mais méfie-toi des chevaux qui ont tendance à mordre. Si tu es obligé de passer derrière, il vaut mieux garder tes distances, mais si tu es sûr de ton cheval, tu pourras passer juste derrière lui, à condition de le prévenir en posant une main sur sa croupe.

Comment éloigner un cheval

Certains chevaux ont la désagréable habitude de se coller contre la personne qui les mène, au risque de lui marcher sur les pieds. Ne te laisse jamais bousculer par un « coup d'épaule ». C'est ainsi qu'un cheval marque sa dominance sur un autre lorsqu'il est en liberté, or tu dois occuper la place du dominant. Il faut donc le faire bouger, en poussant ses épaules par exemple, sans brusquerie, mais en appuyant de plus en plus fort s'il n'obéit pas.

LE PANSAGE SOMMAIRE

Bien pratique, la caisse de pansage : on peut aussi monter dessus !

Le pansage correspond à la toilette du cheval et permet au couple cheval-cavalier de faire connaissance, d'autant que la plupart des chevaux adorent que l'on s'occupe d'eux et prennent plaisir à se faire brosser. Au Galop 1, contente-toi d'un pansage sommaire, avec une étrille et une brosse appelée bouchon. Plus tard, tu apprendras à curer les pieds d'un cheval, à effectuer un pansage approfondi et même à toiletter sa crinière, à tresser et à natter ses crins.

Action de l'étrille et du bouchon

Il est préférable d'attacher le cheval avec un licol et une longe pour le panser. Le pansage sommaire porte sur les poils de son corps ainsi que sur ses crins : crinière, toupet (crins sur le front) et queue. L'étrille et la brosse doivent être adaptées à la taille de ta main pour que tu puisses les utiliser efficacement. Le pansage se fait toujours de l'avant vers l'arrière, en commençant généralement par la gauche, car le cheval a l'habitude de se faire aborder de ce côté. Si tu as tes propres instruments de pansage, range-les dans une mallette ou un sac de pansage.

CONSEIL DU MONITEUR

Le métier de palefrenier n'est plus très répandu. Dans ton club, tu auras probablement plus l'occasion d'observer des stagiaires ou des cavaliers expérimentés panser leurs chevaux. Ils prendront sûrement plaisir à te donner quelques conseils !

Tu apprendras beaucoup en regardant faire le palefrenier.

Étriller d'abord…

Quel que soit le modèle, l'étrille sert à décrotter et à décoller les poils jusqu'à leur base. Elle est utilisée uniquement sur les parties charnues (musculaires). Ne l'utilise pas sur la tête, les zones de tendons des membres et les endroits osseux, qu'elle pourrait agresser. Commence plutôt par le côté gauche pour frotter et décoller les poils avec des mouvements tournants. L'étrille ne nettoie pas. De temps en temps, tape l'étrille par terre pour faire tomber les saletés qui s'y sont accumulées. Lorsque le côté gauche est étrillé, fais de même du côté droit.

… bouchonner ensuite

Brosse ensuite l'ensemble du corps avec le bouchon, une brosse dure, pour enlever toutes les saletés ainsi que les pellicules de peau morte. Appuie fort sur le bouchon, un coup à rebrousse-poil et un coup dans le sens du poil pour le rabattre. N'oublie pas de brosser la tête, en faisant attention aux yeux. Passe également le bouchon sur la crinière. Pour brosser la queue, tiens-la dans la main gauche et lâche progressivement des mèches que tu brosseras l'une après l'autre afin de démêler les crins.

CONSEIL DU MONITEUR

Il est préférable de panser le cheval hors du box pour éviter que les poussières ne salissent la litière. C'est aussi une bonne précaution pour que toi et lui ne respiriez pas les poussières. Attention, certains chevaux sont chatouilleux et peuvent essayer de te pincer lorsque tu passes l'étrille.

1 METTRE UN LICOL, L'AJUSTER ET ATTACHER LE CHEVAL

Le licol et sa longe permettent de mener le cheval en main et de l'attacher, pendant le pansage par exemple. Il en existe de plusieurs tailles, et il est nécessaire de les régler pour les ajuster à la tête du cheval. La longe est fixée à l'anneau du licol par un mousqueton ou un nœud.

1

2

Mettre en place le licol

1 Prépare le licol en ouvrant la boucle et place-toi du côté gauche de la tête du cheval, en tenant la muserolle dans la main gauche et la têtière débouclée dans la main droite. La longe est posée sur le garrot pour éviter qu'elle ne traîne par terre. En mettant ta main sur la nuque du cheval (derrière les oreilles), tu l'incites à baisser la tête. Enfile le bout du nez dans la muserolle pendant que la main droite remonte le licol.

2 Passe la têtière par-dessus la nuque, puis boucle le licol sans serrer sa gorge.

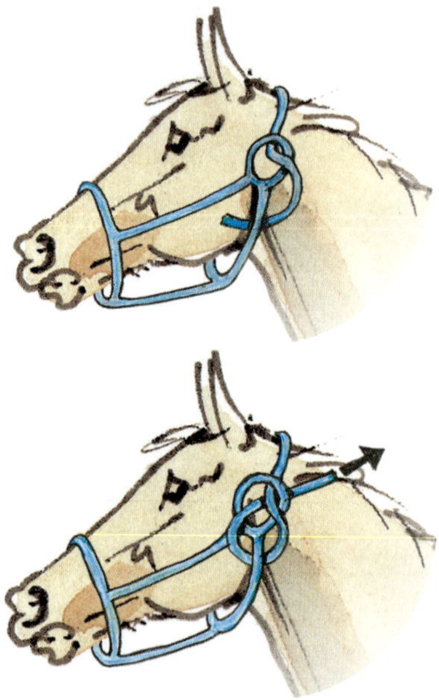

Nœud de licol.

CONSEILS DU MONITEUR

- **Un licol trop petit** gêne le cheval au niveau du chanfrein et de la gorge.
- **Un licol trop grand** risque de ne pas tenir en place et de blesser l'œil du cheval en tournant.

Ajuster le licol

- Une fois en place, la muserolle doit être disposée à mi-chanfrein, à deux largeurs de doigt sous les apophyses zygomatiques. Placée trop bas, elle comprime les naseaux et ne tient pas en place.
- La muserolle et la sous-gorge ne doivent pas être serrées afin de ne pas gêner le cheval.

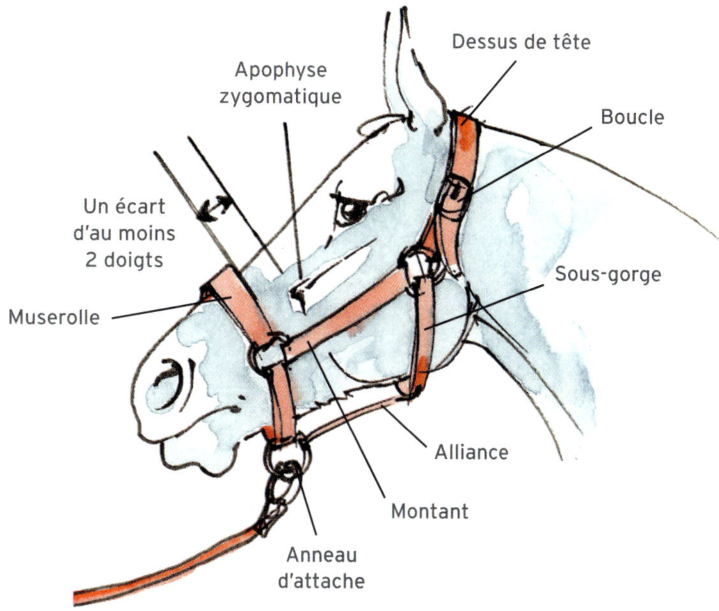

Où et comment attacher le cheval

Il est préférable de nouer la longe sur un anneau prévu à cet effet. Quel que soit le point d'attache, il doit être solide et sûr, et permettre de tourner tout autour du cheval sans être gêné. Le cheval doit être attaché hors de portée d'un autre cheval, de plantes toxiques, d'une selle qu'il pourrait ronger ou d'objets dangereux : brouette, fourche, etc. Dans la nature, il est préférable de nouer la longe à une branche souple, pour laisser un peu de liberté au cheval.

1 > METTRE UN LICOL, L'AJUSTER ET ATTACHER LE CHEVAL

EXPRESSIONS DE CAVALIERS

- *On dit qu'un cheval à l'attache **« tire au renard »** lorsque, paniqué, il cherche à se libérer brutalement en se jetant en arrière, au risque de se blesser lui-même ou de heurter une personne située derrière si la longe se rompt. Dès qu'il commence à tirer, il faut l'inciter à avancer et défaire rapidement la longe.*
- *Lorsqu'un cheval à l'attache passe un antérieur dans sa longe, trop longue, il peut se blesser en faisant une **« prise de longe »**.*

Ni trop bas ni trop long

Attaché trop bas ou trop long, le cheval peut se prendre un pied dans la longe. Attaché trop court, il peut se sentir prisonnier et s'affoler en cherchant à se libérer. Une fois la longe nouée, sa longueur doit correspondre sensiblement à celle de ton bras. La bonne hauteur d'attache correspond à peu près à celle du garrot, plutôt plus haut que trop bas. À l'extérieur, le cheval doit pouvoir manger par terre lorsque la longe est tendue.

Un billot permet de maintenir la longe tendue en toute circonstance.

Un cheval qui tire au renard peut se blesser lui-même ou blesser une personne à proximité.

CONSEILS DU MONITEUR

- En attachant le cheval, ne laisse surtout pas un doigt dans la boucle, car la longe te blesserait gravement si le cheval venait à tirer.
- Si le cheval est trop grand pour que tu lui mettes facilement le licol, fais-lui baisser la tête en appuyant sur sa nuque, juste derrière les oreilles.
- Une bonne précaution consiste à mettre une boucle de ficelle de lieuse à chaque anneau pour y nouer la longe, car la boucle se rompt facilement si le cheval vient à tirer brusquement.

Le nœud d'attache

Pour réussir ce nœud, place-toi face à l'anneau, du côté gauche du cheval. Le nœud d'attache a l'avantage de pouvoir se défaire facilement par simple traction sur l'extrémité libre.

1. Passe la corde dans l'anneau ou autour du point d'attache. Fais ensuite une boucle autour de la corde avec l'extrémité non attachée.
2. Puis fais une ganse (regarde sur le dessin) que tu passes dans la boucle.
3. Il suffit de tirer sur le bout libre pour défaire le nœud.

Entraîne-toi autant de fois que possible à faire ce nœud, pour le réussir facilement lorsque tu devras attacher un cheval.

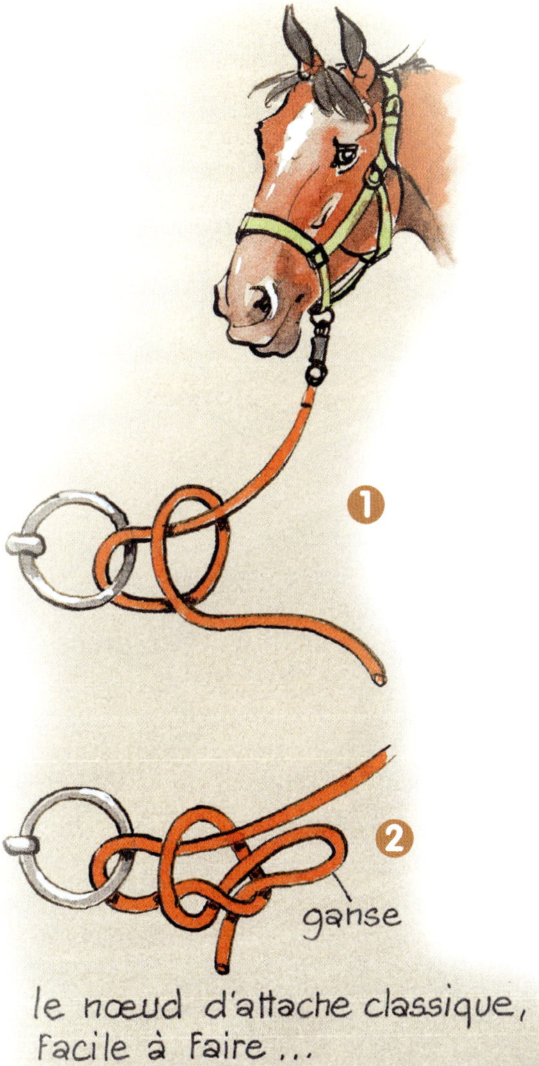

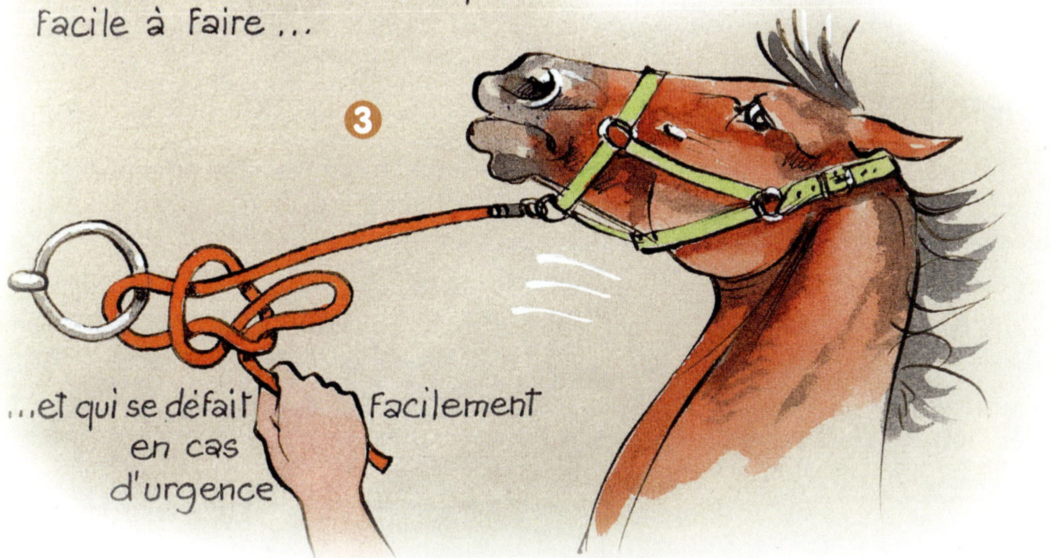

1 DESSELLER ET RANGER LA SELLE

Il existe de nombreux modèles de selle, mais les selles dites classiques (ou anglaises) sont toutes sensiblement identiques, et tu dois connaître leurs principales parties.

Les différentes parties de la selle

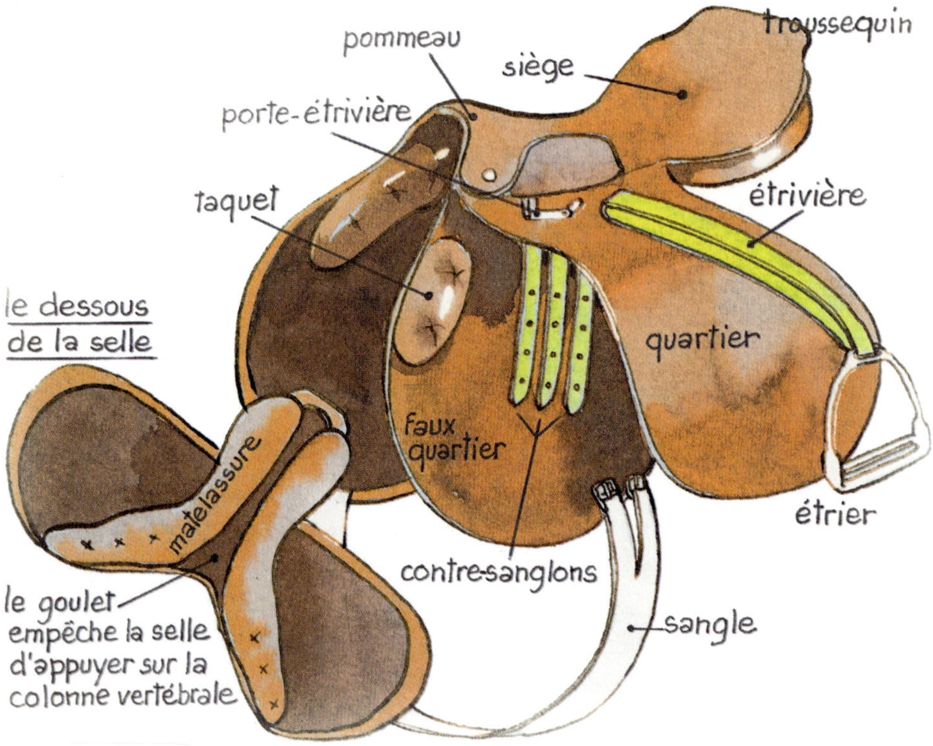

N. B. : Les contre-sanglons peuvent être enfilés dans une petite pièce de cuir appelée « protège-boucle » ou « omelette » destinée à protéger les quartiers.

Comment desseller

Si le licol a remplacé le filet du cheval attaché, tu peux enlever la selle. Si en revanche tu mets le cheval au box, il est préférable d'enlever la selle avant le filet, après avoir passé les rênes au bras. Ainsi, tu peux maintenir le cheval avec son filet pendant que tu le desselles. Voici comment procéder :

- Si ce n'est pas déjà fait, remonte les étriers des deux côtés.
- Déboucle la sangle du côté gauche, en faisant attention à ce qu'elle ne tape pas contre les membres, et place-la sur la selle.
- Saisis la selle à deux mains au niveau du pommeau et du troussequin, et soulève-la en même temps que son tapis. Bascule-la sur le côté et mets-la sur ton bras gauche.

Comment ranger la selle

Après avoir dessellé, tu peux transporter la selle appuyée contre ta hanche. Dépose-la sans brusquerie sur un porte-selle, troussequin vers l'arrière.

Pour pouvoir sécher, le tapis peut être placé à l'envers sur la selle, ou à l'extérieur s'il est très mouillé.

Si la sangle est sale, brosse-la pour éviter qu'elle ne blesse le cheval par la suite. Place-la ensuite sur le porte-selle si elle est mouillée, en évitant de la mettre sur le siège. Tu peux aussi l'accrocher à l'étrier droit pour qu'elle puisse sécher sans mouiller le siège.

C'est lourd, une selle !

Porte la selle sur la hanche.

En dessellant, la sangle est posée sur la selle.

Pose la selle contre un mur ou un arbre.

À la sellerie, la sangle ne doit pas reposer sur la selle.

CONSEILS DU MONITEUR

- S'il n'y a pas de porte-selle, en randonnée par exemple, tu peux poser la selle sur le sol en appui contre un mur ou un arbre, à l'envers, troussequin vers le haut.
- Quel que soit l'endroit, la selle doit être hors de portée du cheval, surtout de ses dents.

1 RETIRER LE FILET, LE RANGER ET LE REMPLACER PAR UN LICOL

Après avoir monté le cheval, il peut être nécessaire de retirer le filet et de le ranger dans la sellerie. Si le cheval est libre dans son box, tu peux retirer directement le filet après avoir enlevé la selle. Si tu prévois de l'attacher, il faut lui mettre le licol en collier autour de l'encolure, avant d'enlever le filet, pour éviter qu'il ne s'échappe.

1 Mets le licol en collier.

2 Détache la sous-gorge et la muserolle.

Comment retirer le filet

- Place les rênes par-dessus l'encolure pour qu'elles ne pendent pas par terre. Tu peux également les passer directement sur ton bras ou sur ton épaule.
- Déboucle la sous-gorge ainsi que la muserolle.
- Récupère les rênes et passe délicatement la têtière par-dessus les oreilles, en les touchant délicatement.
- Normalement, le cheval ouvre la bouche pour se libérer du mors et tu peux retirer le filet sans taper dans ses dents.
- Pour avoir les mains libres, tu peux porter le filet sur ton épaule.
- Il te reste à boucler le licol, puis à laver soigneusement le mors avant de ranger le filet.

3 Passe en douceur la têtière par-dessus les oreilles et laisse glisser le mors hors de la bouche.

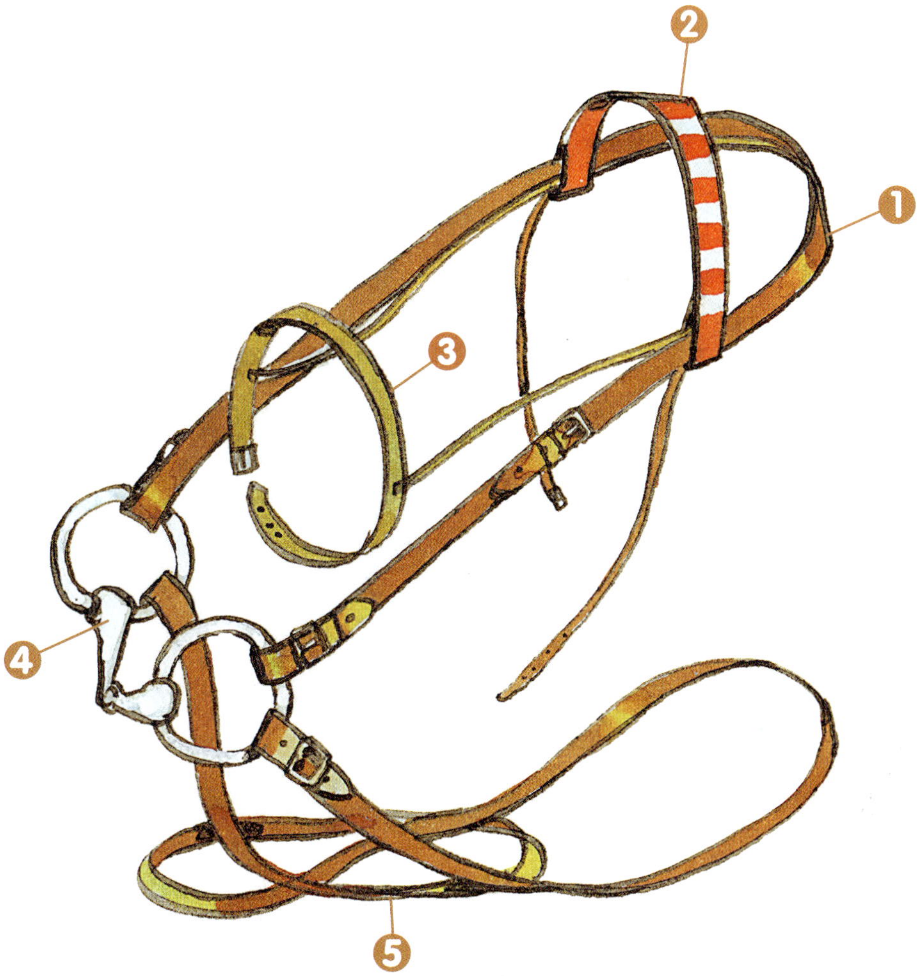

CONSEIL DU MONITEUR

Avant de suspendre le filet dans la sellerie, lave le mors par mesure d'hygiène pour enlever tout ce qui y est collé. Tu peux le passer sous l'eau courante ou le laver dans un seau, tout en évitant le plus possible de mouiller le cuir. Il est parfois nécessaire de gratter ce qui est collé au mors. Ensuite, suspends le filet à sa place dans la sellerie, en veillant à ce que les rênes ne touchent pas le sol.

1. La têtière
2. Le frontal
3. La muserolle
4. Le mors
5. Les rênes

1 APPRENDRE À MENER ET À ARRÊTER UN CHEVAL EN MAIN

Pour sortir un cheval de son box ou l'emmener à pied dans le manège, il est nécessaire de le mener en le tenant au licol ou avec le filet. Le cavalier se place alors traditionnellement à gauche du cheval.

Tenir une longe

- Tiens la longe dans ta main droite, à environ 40 centimètres du mousqueton (sensiblement la longueur de ton avant-bras).
- L'extrémité de la longe est tenue dans ta main gauche, et elle ne doit pas traîner par terre.
- N'enroule jamais la longe autour de ta main ou de ton poignet, car tu pourrais être traîné par le cheval s'il prenait peur.
- Pour éviter que la longe ne glisse dans ta main, une astuce consiste à faire un nœud à son extrémité.

Fais attention à ne pas trop te rapprocher.

Tenir des rênes

La main droite tient les deux rênes à une vingtaine de centimètres du mors. Par mesure de sécurité, tu peux passer l'index entre les rênes. Pour éviter que les rênes n'échappent de tes mains si le cheval fait un écart, tu peux passer le pouce gauche entre les rênes au niveau de leur jonction.

Un nœud sur la longe du licol l'empêchera de te glisser des mains.

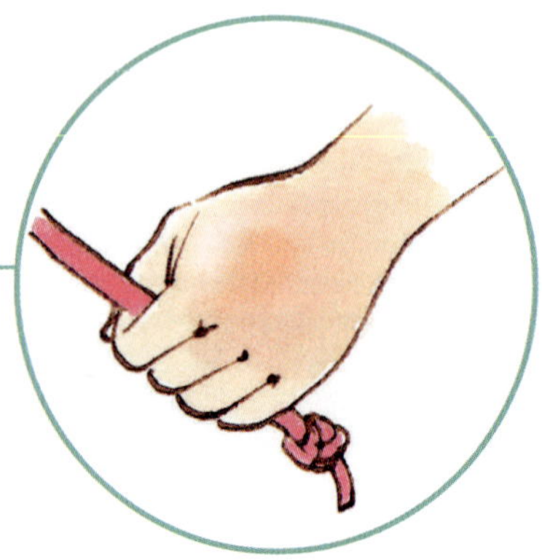

ÉLOIGNER LE CHEVAL DE SOI

Si le cheval est trop près et s'appuie sur toi, pousse-le fermement mais sans brutalité au niveau de la pointe de son épaule ou de l'encolure. Attention aux éventuels coups de tête ou de queue lorsqu'il cherche à éloigner des insectes.

L'index de la main droite est positionné entre les deux rênes et le pouce de la main gauche à la jonction des rênes.

Mener un cheval

Tout en tenant la longe ou les rênes, tu dois te placer au niveau du début de l'encolure du cheval, en restant suffisamment écarté de ses membres pour éviter qu'il te marche dessus. Avance d'un bon pas et évite de le regarder, ce qui l'inciterait à s'arrêter. Ne te mets pas juste devant lui, car il pourrait te bousculer en donnant un grand coup de tête.

- S'il rechigne à avancer, tu peux l'y inciter autoritairement avec la voix : Avance ! Marche !
- Inversement, s'il essaie de te dépasser, calme-le avec la voix et ne le laisse surtout pas faire, car tu ne pourrais ensuite plus l'arrêter. Ralentis-le par des tensions successives sur les rênes ou la longe, quitte à l'arrêter. Ensuite, calme-le et recommence.

CONSEILS DU MONITEUR

- Par principe, le cheval ne doit jamais te dépasser ; s'il marche rapidement, accorde ta vitesse sur lui.
- Pour éviter qu'il ne s'arrête pour brouter, marche rapidement. Ainsi, il n'aura pas le temps de baisser sa tête pour atteindre le sol.
- En changeant de côté, passe de préférence sous l'encolure. Si tu n'as pas confiance dans le cheval, tu peux passer derrière lui, en restant hors de portée de ses postérieurs.

1 > APPRENDRE À MENER ET À ARRÊTER UN CHEVAL EN MAIN

Pousse l'épaule du cheval qui te serre trop près.

- Si le cheval essaie de te faire une queue de poisson, arrête-le et repasse devant.
- S'il s'arrête et refuse de continuer, déséquilibre-le en le poussant au niveau de l'épaule et, dès qu'il bouge, fais-le avancer en changeant carrément de direction pour relancer le mouvement.
- S'il se colle à toi et a tendance à te bousculer, repousse-le énergiquement de la main, posée au niveau de l'épaule, et gronde-le de la voix. Tu peux également agiter ta main au niveau de sa tête pour l'inciter à s'écarter.

Tu dois transmettre tes intentions au cheval par une attitude déterminée.

À l'extérieur, le cavalier reste assez loin devant son cheval pour le mener et lui montrer le chemin à prendre.

Dans un déplacement en groupe, il faut toujours laisser la place d'un cheval imaginaire entre ton cheval et les autres, que ce soit devant, derrière ou sur les côtés.

Normalement, le cheval suit tranquillement celui qui le mène.

Arrêter un cheval

Pour arrêter le cheval mené en main, il suffit de lui dire « Oooh là ! » tout en t'arrêtant toi-même de marcher et en agissant si nécessaire avec la longe ou les rênes. Attention, un cheval fougueux que l'on essaie d'arrêter a tendance à tourner autour de la personne qui le mène. Une solution : le calmer avec la voix tout en restant en place et en agissant sur la longe.

Mener un cheval au pas sur un tracé simple avec des lignes droites et des courbes

- Sur des lignes droites, marche bien droit et ne laisse pas le cheval dévier de la direction suivie, tout en veillant à ce qu'il conserve un pas engagé.
- Dans un passage étroit, précède le cheval en passant devant lui et fais-lui reprendre sa place à côté de toi après le passage étroit.
- Lorsque tu tournes à gauche, agis sur la longe pour indiquer au cheval qu'il doit changer de direction et fais en sorte qu'il ne te coupe pas la route
- Lorsque tu tournes à droite, comme tu as plus de chemin à parcourir que le cheval, accélère légèrement de façon à conserver ta place au niveau du début de l'encolure.

CONSEILS DU MONITEUR

- En donnant des indications à un cheval, l'**intonation** de la voix compte plus que les mots prononcés.
- Les ordres sont dits sur un ton ferme en utilisant des mots courts, sans cependant crier. Pour remercier le cheval, parle-lui avec une voix douce.
- Utilise toujours les **mêmes mots** pour obtenir les mêmes actions. Comme les chevaux sont montés par plusieurs cavaliers, utilise les mots employés par ton moniteur.

1 EMMENER LE CHEVAL DANS LA CARRIÈRE OU LE MANÈGE

Après avoir vérifié que le cheval est bien sellé et harnaché et que les étriers sont remontés, tu peux l'emmener dans la carrière ou dans le manège pour ta leçon d'équitation. Voici les principaux conseils à suivre.

Mener un cheval au filet

Tu as deux solutions pour mener un cheval bridé :

- laisse les rênes posées sur l'encolure tout en les tenant avec la main droite (pour une courte distance) ;
- tiens les rênes dans la main droite à une vingtaine de centimètres du mors, index entre les deux rênes, et maintiens le flot des rênes avec la main gauche.

Marche au niveau de l'encolure du cheval et ne le laisse pas te dépasser, sans le regarder ou tirer sur les rênes s'il rechigne à te suivre. Un appel de langue l'incitera alors à avancer.

Précautions à prendre en entrant dans le manège

Avant d'entrer dans un manège ou dans une carrière, attends que le moniteur t'y autorise. Quelles que soient les circonstances, laisse toujours une distance de sécurité entre deux chevaux. En entrant, fais attention à ne pas surprendre les chevaux qui y évoluent. Si tu longes le bord, fais en sorte d'être piste à main gauche pour ne pas risquer d'être coincé par le cheval contre le pare-bottes. Normalement, tous les chevaux sont ensuite arrêtés dans le même sens sur la ligne du milieu, en respectant la distance de sécurité entre eux pour éviter qu'ils ne se chamaillent.

Attends ensuite que le moniteur t'autorise à te mettre en selle.

CONSEIL DU MONITEUR

N'entre jamais dans le manège sans demander l'autorisation au moniteur !

> EMMENER LE CHEVAL DANS LA CARRIÈRE OU LE MANÈGE

Il faut conserver ses distances avec les autres chevaux, que tu sois à pied ou en selle.

EXPRESSIONS DE CAVALIERS

Comme dans tous les sports, les cavaliers utilisent des expressions particulières que tu dois connaître.

- ***La ligne du milieu** : dans un manège rectangulaire, la « ligne du milieu » est une ligne imaginaire qui se situe au milieu, entre les deux grands côtés.*
- ***La piste** : la piste du manège, sur laquelle évoluent les chevaux, longe les côtés. Efforce-toi de faire « garder la piste » à ton cheval. Lorsque tu es **« piste à main gauche »**, l'intérieur du manège est à ta gauche, et inversement.*
- ***Les ordres vocaux** : pour communiquer avec les chevaux, tu peux utiliser des ordres vocaux courts, comme « Oh là ! » pour arrêter un cheval, ou faire un appel de langue pour l'inciter à avancer. Utilise toujours les ordres vocaux employés dans ton club, car les chevaux y sont habitués. Inutile de crier, ils ont une très bonne ouïe.*

1 EN SELLE AVEC UN MONTOIR

Pour te mettre plus facilement en selle sur un grand cheval, et soulager son dos, tu peux te servir d'un montoir, après avoir placé ta monture juste à côté. Avant de te mettre en selle, vérifie que le cheval est bien bridé et que la selle est à sa juste place : le tapis doit dépasser un peu sur l'avant et avoir la même longueur des deux côtés. Demande de l'aide à ton moniteur pour régler les étriers à la bonne longueur, car c'est uniquement au Galop 2 que tu devras savoir le faire tout seul, à pied et en étant à cheval. Avant de te mettre en selle, il te reste à vérifier que le cheval est bien sanglé. Tu le ressangleras une fois qu'il aura marché.

Il est plus aisé de monter avec un montoir.

Ressangler avant de monter

La plupart des chevaux gonflent leur ventre lors du sanglage et le dégonflent par la suite. Pour éviter que la selle, qui n'est plus assez serrée, ne tourne lorsque tu te mets à cheval, tu dois ressangler du côté gauche. Soulève le quartier de la selle et ressangle, une boucle après l'autre.

Ressangle la selle avant de monter.

Le réglage approximatif des étriers se fait à la longueur du bras.

En selle avec les étriers

- Emmène ton cheval à la droite du montoir et mets les rênes par-dessus l'encolure.
- Place-toi face au cheval pour vérifier que tes étriers sont à la bonne longueur.
- Place-toi au niveau de l'épaule gauche, en t'orientant sensiblement vers l'arrière du cheval.
- Ajuste tes rênes, la droite un peu plus tendue, et place ta main gauche un peu en avant de la selle, en maintenant une grosse poignée de crins pour t'aider à monter.
- Engage la pointe de ton pied gauche dans l'étrier, en t'aidant éventuellement de ta main droite.
- Saisis le troussequin avec la main droite.

1 > EN SELLE AVEC UN MONTOIR

- Pivote de façon à te retrouver face à la selle et place ton genou gauche contre l'avant du quartier de la selle. La pointe du pied est contre la sangle, et non contre le flanc.
- Prends une impulsion avec la jambe au sol et hisse-toi en t'aidant de tes bras, mais sans tirer sur les rênes.
- Passe ta jambe droite par-dessus la croupe en évitant de la toucher.
- Assieds-toi délicatement sur la selle, puis remercie le cheval avec une caresse s'il est resté immobile.
- Il te reste à chausser le deuxième étrier et à vérifier qu'ils sont à la bonne longueur.

Descendre de cheval en toute sécurité te sera expliqué plus loin (page 73).

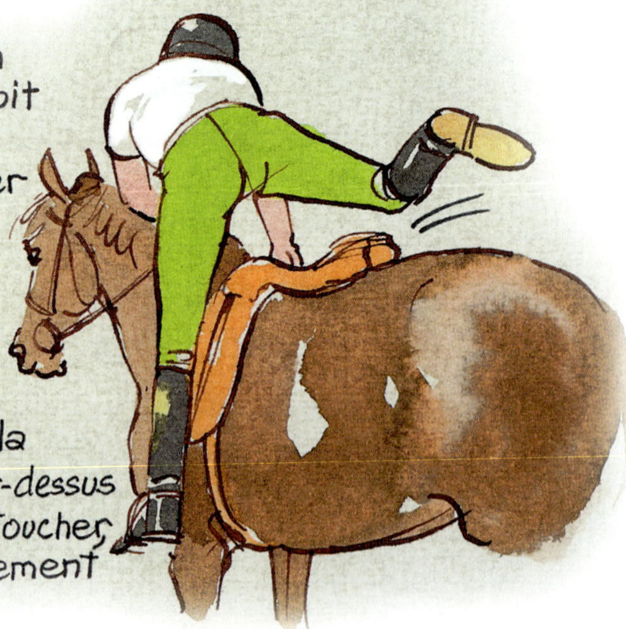

En selle sans étriers

Si tu es suffisamment grand par rapport à la taille de ta monture, tu peux monter à cheval en sautant, sans l'aide des étriers.

- Place-toi contre le cheval, la main gauche tenant les rênes placée sur le garrot et la main droite sur le pommeau.
- Prends un bon appel pour te retrouver en appui sur les bras et passe ta jambe par-dessus la croupe sans la toucher.

Il existe une autre manière de sauter à cheval « à l'indienne », comme le font les cascadeurs, en jetant la jambe droite par-dessus la croupe.

1

2

3

CONSEILS DU MONITEUR

- Dans un premier temps, pour te mettre à cheval en évitant qu'il ne bouge, tu peux demander à une personne de le tenir.
- Si tu n'as pas de montoir, tu peux demander à une personne de t'aider en te soulevant par la jambe gauche repliée.
- Tu peux aussi t'entraîner à te mettre en selle à droite, cela te sera utile en promenade lorsqu'il est difficile de monter à gauche pour une raison ou une autre.

CONSEIL DU MONITEUR

Attention à ne pas oublier ton casque !

1 RESSANGLER EN ÉTANT À CHEVAL

Pour être certain que la selle tiendra bien en place, tu dois la ressangler encore une fois lorsque tu es à cheval. Que le cheval soit à l'arrêt ou au pas, assure-toi qu'il est calme. Commence par t'entraîner à l'arrêt pour être capable, par la suite, de ressangler lorsque le cheval est au pas. Si tu n'y parviens pas la première fois, demande de l'aide à ton moniteur.

1

2

Pour effectuer cette manœuvre, libère ta main gauche en tenant les rênes de la main droite, ou tes deux mains en passant le bras gauche dans les rênes.

- Tout en conservant l'étrier chaussé, avance la jambe gauche en avant du quartier de la selle.
- Avec la main gauche, soulève le quartier et coince-le sous le bras.
- Saisis un contre-sanglon et tire dessus vers le haut pour dégager de son trou l'ardillon de la boucle, pendant que l'index, placé dessus, l'engage dans le trou suivant.
- Fais de même avec le deuxième contre-sanglon pour resserrer également d'un trou.
- Il peut être nécessaire de recommencer, pour gagner un deuxième trou.

CONSEIL DU MONITEUR

Ressangler en étant à cheval peut te sembler difficile au début, surtout pour engager l'ardillon de la boucle dans le trou du contre-sanglon. Demande éventuellement de l'aide à ton moniteur.

APPRENDRE À CHAUSSER ET DÉCHAUSSER LES ÉTRIERS

1

L'étrier est chaussé au tiers du pied.

Lorsque tu es en selle, il te reste à chausser les étriers et à vérifier la longueur des étrivières. Assieds-toi bien à l'avant de la selle et laisse tomber les jambes naturellement.

- Normalement, l'étrivière est bien à plat, et tu dois enfiler la pointe des pieds dans les étriers, qui sont également à plat contre le cheval.
- Relève la pointe des pieds et dirige-la vers le corps du cheval pour pouvoir l'introduire dans les étriers. On dit qu'il faut les chausser « par l'extérieur ».
- En position normale, l'étrier doit être chaussé au tiers du pied, c'est-à-dire un peu plus que la pointe. Le poids de la jambe est alors « dans les talons », et non sur l'avant du pied.
- Décontracte tes jambes, qui doivent descendre naturellement ; tes talons sont alors un peu plus bas que la pointe des pieds, ce qui donne de la souplesse à tes chevilles.

CONSEILS DU MONITEUR

- Lorsque les étriers sont chaussés, assure-toi que l'étrivière est bien à plat contre la jambe et qu'elle n'est pas entortillée. Ne dirige pas la pointe des pieds vers l'extérieur : ces derniers doivent être sensiblement parallèles au cheval, ou les pointes légèrement écartées.
- Pour pouvoir se détacher facilement en cas de chute, l'étrivière est suspendue par un système de sécurité.

Chausser les étriers en étant au pas

Tu dois être capable de déchausser et de chausser les étriers lorsque le cheval est au pas. N'essaie pas de t'aider avec tes mains. Reste bien droit et cherche les étriers avec la pointe des pieds dirigée vers le cheval. Avec un peu d'entraînement, tu y parviendras facilement.

PRENDRE ET AJUSTER LES RÊNES

Les rênes servent à transmettre des indications au cheval, par l'intermédiaire de tes mains et du mors. Avant de demander au cheval d'avancer, tu dois prendre les rênes et les ajuster. Tu peux tenir une rêne dans chaque main, ou les deux rênes dans la même main si tu as besoin de libérer l'autre main.

Une rêne dans chaque main.

Tenir une rêne dans chaque main

Venant de la bouche du cheval, la rêne passe sous l'auriculaire (petit doigt) et ressort vers le haut, où elle est maintenue entre le pouce et l'index. Les pouces sont dirigés vers le haut, les ongles se font face. La position de la main est alors la même que si tu tenais, par exemple, un parapluie légèrement penché vers l'avant. Le flot des rênes tombe du côté droit, le long de l'encolure. Les mains sont alors dans le prolongement des avant-bras, sans que les poignets ne soient cassés. Les coudes sont près du corps.

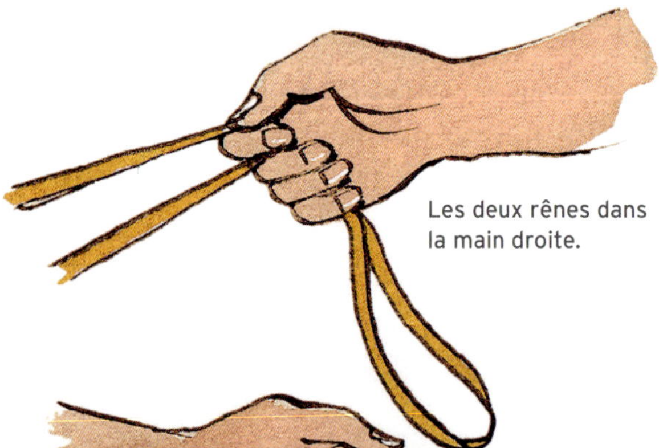

Les deux rênes dans la main droite.

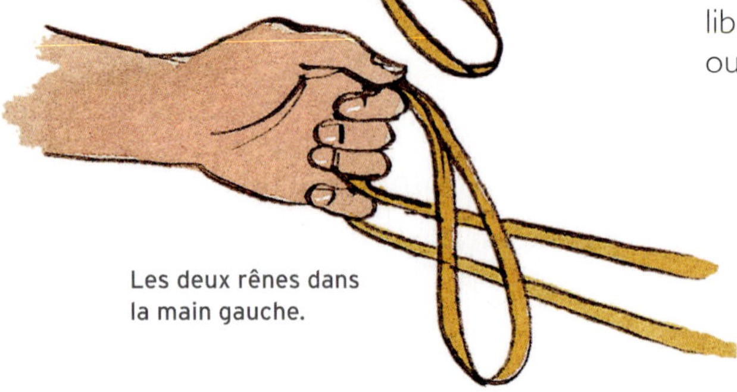

Les deux rênes dans la main gauche.

Tenir les deux rênes dans une seule main

C'est généralement dans la main gauche que l'on tient les deux rênes pour avoir la main droite libre. La position de ta main doit être la même que lorsque tu ne tiens qu'une seule rêne, si ce n'est que ton petit doigt sépare ici les deux rênes. Ton pouce serre les deux rênes contre l'index. Apprends dès le début à tenir les deux rênes dans la main droite également, afin d'avoir l'autre main libre pour écarter une branche, par exemple, ou de t'en servir lors de jeux.

CONSEILS DU MONITEUR

- Lorsque tu tiens tes rênes, vérifie qu'elles ne sont pas entortillées, mais bien disposées à plat contre l'encolure du cheval.
- Tant que tu ne demandes rien au cheval, tu peux « laisser les rênes longues ».

Ajuster les rênes

Les rênes doivent être ajustées pour obtenir un contact doux du mors avec la bouche du cheval. Elles sont légèrement tendues, mais sans tirer. Le cheval est alors prêt à recevoir les indications de tes mains, transmises par l'intermédiaire des rênes.

Une fois les rênes ajustées, tes coudes sont à demi ployés, au-dessus de tes hanches, ni trop avancés ni trop reculés. **Raccourcir les rênes** signifie qu'il faut les tenir un peu plus courtes, en « grignotant » petit à petit la longueur avec tes doigts. Inversement, **rallonger les rênes** signifie qu'il faut les tenir plus longues, en ouvrant progressivement les pouces pour les laisser glisser de la longueur voulue.

EXPRESSIONS DE CAVALIERS

- *Au début de la reprise, le moniteur commande généralement à ses cavaliers* ***« À vos rênes »****, ce qui signifie qu'il est nécessaire de les* ***ajuster****, afin de pouvoir* ***agir*** *avec ses mains, sans jamais tirer dessus ou donner d'à-coups.*
- *Dès que le cheval obéit à ce que tu lui as demandé, tu peux* ***céder*** *avec les mains, ce qui signifie relâcher la tension, tout en conservant le* ***contact*** *du mors avec la bouche du cheval.*

DANS LE MANÈGE OU LA CARRIÈRE

- *Après avoir mené le cheval en main dans le manège ou la carrière, arrête-le sur la ligne du milieu, à côté des autres chevaux, en laissant un espace de sécurité entre eux.*
- *Sur l'ordre du moniteur, mets-toi ensuite en selle et attends qu'il te dise de te mettre en reprise sur la piste (le long du mur), derrière le chef de reprise.*
- *Piste à main droite signifie que l'intérieur du manège est à ta droite.*
- *Piste à main gauche signifie que l'intérieur du manège est à ta gauche.*
- *Parcourir une diagonale dans le manège permet de changer de main. Tu peux également changer de main à la fin d'un doubler, dans une longueur ou dans une largeur.*

1 LES AIDES NATURELLES ET ARTIFICIELLES

Pour communiquer avec ton cheval et te faire obéir, tu utilises ce qu'on appelle des « aides ». Celles-ci peuvent être naturelles (tes mains, tes jambes, le poids de ton corps) ou artificielles (la cravache, les éperons, la chambrière).

Les aides naturelles

Elles font partie de ton corps et tu les utilises naturellement pour communiquer avec les chevaux. Ce sont les mains, les jambes, l'assiette et la voix.

- **Les mains** agissent sur la bouche du cheval par l'intermédiaire du mors et des rênes, à condition que celles-ci soient ajustées. Les actions de mains permettent de diriger le cheval, de contrôler son allure, de ralentir et de passer à l'allure inférieure. Évite les actions involontaires, voire brutales, qui font souffrir le cheval. Dans ta formation de cavalier, tu apprendras progressivement que les actions de mains permettent de faire tourner le cheval, de lui céder en cessant d'agir, ou de lui résister en maintenant une tension, par exemple.

Bon : serre tes doigts, soutiens tes poignets et grandis ton buste.

- **Les jambes,** positionnées en arrière de la sangle, interviennent pour demander au cheval d'avancer ou d'accélérer, en passant éventuellement à l'allure supérieure. Pour y parvenir, tu dois presser de façon discontinue l'ensemble de la jambe contre le flanc du cheval. Agis de plus en plus fort par pressions successives si le cheval rechigne à obéir.
- **L'assiette,** dont tu apprendras les utilisations tout au long de ta formation, permet au cavalier de rester lié aux mouvements du cheval, quelles que soient ses allures ou ses réactions. Tu peux répartir ton poids plus ou moins en avant, en arrière ou sur un côté, pour transmettre des indications au cheval en plus de celles données par tes mains et tes jambes.
- **La voix** est également une aide naturelle utilisée pour communiquer avec ton cheval. L'intonation de la voix (mots courts et autoritaires ou, inversement, doux et rassurants) compte plus que les mots prononcés. Un claquement de langue énergique, par exemple, incite le cheval à se porter en avant.

Bon : action de jambes convaincante après avoir desserré les doigts.

CONSEILS DU MONITEUR

- − Les actions de force
- − La brusquerie
- − Mains et jambes mal coordonnées et désordonnées
- + Mains fixes et buste bien redressé
- + Une action des jambes précise et ferme

Mauvais : mains qui s'agitent au rythme d'actions de jambes désordonnées.

1 > LES AIDES NATURELLES ET ARTIFICIELLES

Les aides naturelles.

Les aides artificielles.

Les aides artificielles

- **La cravache** peut t'aider à faire avancer le cheval, en agissant sur son épaule ou, plus autoritairement, en arrière de ta jambe après avoir pris les deux rênes dans une main. Il ne faut pas être brutal avec une cravache, et surtout ne jamais taper sur la tête du cheval.
- **Les éperons** sont utilisés délicatement par des cavaliers confirmés pour renforcer l'action des jambes.
- **La chambrière** est une sorte de fouet à longue mèche, utilisé pour faire tourner un cheval à la longe par exemple.

CONSEIL DU MONITEUR

La cravache tenue du côté intérieur du manège ou de la carrière incite le cheval à rester sur la piste, sans essayer de venir à l'intérieur.

Le cheval peut voir la cravache sur le côté, même lorsqu'elle n'agit pas. Ne l'utilise jamais avec brutalité.

EXPRESSIONS DE CAVALIERS

*On appelle **accord des aides** l'utilisation harmonieuse et coordonnée des aides naturelles. On n'insistera jamais assez sur le fait que les aides ne doivent pas s'opposer. Par exemple, en agissant avec tes jambes pour inciter le cheval à avancer, ne lui indique pas en même temps qu'il doit ralentir par une action désordonnée des mains. Le cheval ne comprendrait pas ce qu'il doit faire au juste !*

1 POSITION DU CAVALIER : LA BONNE POSTURE AU PAS

Sans une bonne posture, le cavalier n'est pas à l'aise à cheval et ne peut pas communiquer correctement avec lui. Une bonne position lui permet d'accompagner les mouvements de sa monture quelles que soient ses allures, tout en conservant stabilité et équilibre.

La bonne assiette

Le cavalier doit être assis d'aplomb et sur l'avant de la selle. Son bassin doit pouvoir jouer librement pour conserver un contact souple avec le dos du cheval et accompagner tous ses mouvements, qui diffèrent suivant les allures.

Les jambes en place

Lorsque tu es en selle, tes jambes tombent librement. Chausse les étriers au tiers du pied et baisse tes talons. Tes jambes doivent se placer légèrement en arrière de la sangle pour que tu puisses te mettre facilement en équilibre au-dessus de tes étriers. Pour créer l'impulsion, commence par rapprocher le bas des jambes jusqu'à obtenir un contact avec le cheval. Ensuite, tu peux agir par pressions légères et intermittentes.

Le buste et la tête droits

Redresse ton buste et grandis-toi en te tenant bien droit, sans avoir le dos rond. Redresse la ligne des épaules, en imaginant que tes omoplates se touchent. Redresse également la tête, dans la direction où tu veux aller.

Bras et mains en bonne position

Lorsque le cheval avance en ligne droite, tes mains doivent être dans le prolongement des avant-bras et dirigées vers la bouche du cheval. Tes coudes, gardés près du corps, laissent jouer librement leur articulation. Les pouces sont tournés vers le haut, les autres doigts se font face. Les rênes doivent être ajustées, pour obtenir le contact avec la bouche du cheval. Les actions de mains doivent se faire en direction de la bouche du cheval pour accompagner les mouvements de l'encolure au pas et au galop. Au trot enlevé, tes mains doivent rester stables, sans suivre les mouvements de ton buste.

CONSEILS DU MONITEUR

- Tes jambes doivent être bien descendues, de façon à envelopper le corps du cheval lorsque tu es assis dans la selle.
- Le **couloir des rênes** signifie que le cheval se déplace entre deux lignes parallèles allant des épaules du cavalier à la bouche du cheval, tout en suivant ses bras.
- Un bassin mal positionné est **cambré** lorsque les reins sont creux. Inversement, il est **voussé** lorsque le dos est rond.

La souplesse des reins est indispensable pour rester lié au cheval.

Après avoir vérifié que ta selle est bien sanglée, que tu as chaussé correctement les étriers et ajusté tes rênes, voici comment mettre ton cheval au pas, le diriger, le ralentir et l'arrêter.

Mettre le cheval au pas

Pour mettre le cheval au pas, agis avec tes jambes par des pressions progressives, d'arrière vers l'avant, juste en arrière de la sangle, après avoir relâché légèrement la tension des rênes, qui sont ajustées. Le cheval doit pouvoir allonger son encolure lorsqu'il est au pas. Les actions de jambes doivent être dosées : énergiques avec un cheval qui rechigne à avancer, douces dans le cas contraire. Lorsqu'il a obéi, tu peux cesser tes actions de jambes, mais recommencer s'il a tendance à ralentir. Dès que le cheval est au pas, pense également à le diriger et accompagne les mouvements de son dos avec ton bassin, en conservant les reins souples.

Quelle que soit l'allure, conserve prudemment tes distances lorsque tu suis le cheval qui te précède.

Diriger sa monture

Pour que le cheval change progressivement de direction, il est nécessaire que les rênes soient bien ajustées. Ensuite, regarde dans la direction choisie : cela oriente ton corps, ce qui transmet l'information au cheval.

Pour effectuer une courbe à droite par exemple, tourne les épaules et le buste vers la droite, ce qui oriente le couloir des rênes dans cette direction, et porte la main droite vers la droite en pivotant légèrement le poignet.

Entretiens le mouvement en avant du cheval avec tes jambes, en contact derrière la sangle, et règle la courbe en agissant sur l'orientation de ton buste et de tes mains.

Ralentir et s'arrêter

Pour ralentir le cheval, redresse le buste tout en serrant progressivement tes doigts sur les rênes ajustées, afin de les raccourcir légèrement. Soutiens tes poignets sans reculer les coudes, en « durcissant » peu à peu les ressorts de tes bras. Lorsque le cheval est arrêté, cède avec les mains et, s'il est calme, caresse-le pour le remercier d'avoir bien obéi.

CONSEILS DU MONITEUR

- Dans le manège, tu peux raccourcir légèrement la rêne extérieure pour inciter le cheval à rester sur la piste.
- Lorsque tu agis avec une main pour attirer la tête du cheval dans une direction, l'autre main doit avancer suffisamment pour lui permettre d'incurver son encolure.

Regarde dans la direction où tu veux aller pour que ta demande soit naturelle.

1 RESTER EN ÉQUILIBRE SUR LES ÉTRIERS QUELQUES FOULÉES AU PAS ET AU TROT

Alors que le pas est très confortable, le trot l'est moins : le dos du cheval te fait rebondir sur la selle, surtout si l'allure est rapide, à moins que tu ne restes en équilibre sur les étriers, en soulevant légèrement les fesses au-dessus de la selle. Cela te sera utile pour faire du trot enlevé ou du galop en suspension, et pour sauter des obstacles.

S'entraîner à l'arrêt

Pour te mettre facilement en équilibre sur les étriers, vérifie la position de tes jambes, qui doivent être légèrement reculées, puis incline un peu le buste en avant, sans faire le dos rond. Tu peux poser tes mains sur l'encolure, tout en conservant tes rênes ajustées. Dans cette position, tu peux dégager facilement les fesses de la selle tout en conservant ton équilibre.

Pour débuter, ton moniteur peut équiper le cheval d'un collier d'encolure, fait d'une étrivière placée autour de l'encolure. Tu peux attraper ce collier, pour éviter de t'agripper aux rênes.

L'ASTUCE DU TABOURET

Pour bien comprendre qu'il est nécessaire de reculer les jambes et de se pencher un peu en avant pour dégager tes fesses de la selle, fais comme si tu te relevais d'un tabouret : tu commences par reculer tes pieds en les plaçant sur le côté du tabouret et, naturellement, tu te penches un peu en avant pour te relever et te maintenir « en équilibre sur tes pieds ».

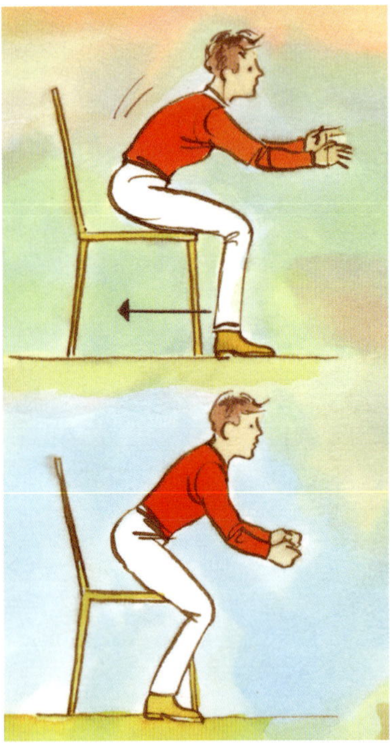

L'astuce du tabouret.

En équilibre au-dessus des étriers.

Rester en équilibre au trot

Dès que le cheval passe au trot :

- avec les rênes raccourcies pour conserver le contact avec la bouche du cheval, pose tes mains sur l'encolure ;
- conserve les talons bas avec les jambes en place ;
- incline un peu le buste en avant ;
- décolle légèrement tes fesses de la selle en prenant appui sur les étriers et en conservant les talons bas, et reste dans cette position pendant quelques foulées.

Ensuite, tu pourras apprendre à faire du trot enlevé.

CONSEILS DU MONITEUR

- Pour se mettre en équilibre sur des étriers, il est préférable de les régler assez court.
- Afin de conserver un équilibre tout en souplesse, tu peux tenir fermement une poignée de crins, mais ne laisse surtout pas tes jambes s'avancer, sans quoi tu retomberais lourdement dans la selle.
- Garde le buste bien droit et ne regarde pas par terre, afin de ne pas faire le dos rond.
- Pense à garder les articulations des hanches, des genoux et surtout des chevilles souples, pour qu'elles puissent amortir les mouvements du cheval.

1 APPRENDRE À TROTTER ENLEVÉ EN RYTHME SUR UN TRACÉ SIMPLE

En augmentant sa vitesse au pas, le cheval passe naturellement au trot. C'est une allure sautée, moins confortable que le pas si tu restes assis dans la selle. Pour éviter de rebondir, tu peux « trotter enlevé ». Ce n'est pas difficile puisque tu sais déjà rester en équilibre sur tes étriers.

Trotter enlevé

Plus tard, tu apprendras à connaître le « mécanisme des allures » ; pour le moment, limite-toi à écouter le bruit produit par le cheval lorsqu'il trotte sur un sol dur. Tu entends « toc, toc », à intervalles réguliers, lorsque les sabots prennent contact avec le sol : on parle d'allure à deux temps. À chaque temps, le dos du cheval est animé par un mouvement de bas en haut qui te fait ressentir une secousse. Le principe du trot enlevé consiste à éviter ces secousses en t'« enlevant » un temps sur deux et en reprenant le fond de la selle le temps suivant : un temps en équilibre, un temps assis, un temps en équilibre, un temps assis, etc.

Ne te raccroche pas aux rênes, ne retombe pas brutalement dans ta selle.

Selon les chevaux, les cadences sont différentes.

> APPRENDRE À TROTTER ENLEVÉ EN RYTHME SUR UN TRACÉ SIMPLE

Voici comment procéder :

- Lorsque le cheval est au trot, raccourcis légèrement les rênes, recule un peu tes jambes et incline légèrement ton buste en avant, sans arrondir le dos. Tu peux saisir une poignée de crins ou une poignée d'encolure pour t'aider.
- Ensuite, lève légèrement les fesses au-dessus de la selle un temps sur deux, en prenant appui sur les étriers et en conservant les talons bas.
- Reprends place dans la selle le temps suivant.
- Continue en alternant temps assis et temps en équilibre, sans perdre le rythme.

CONSEILS DU MONITEUR

- Tu ne réussiras peut-être pas la première fois, mais tu peux t'aider en comptant dans ta tête : un, deux, un, deux, etc. Tu constateras rapidement que trotter enlevé est plus confortable que trotter assis, surtout lorsque l'allure est rapide.
- Pour augmenter l'impulsion, tu dois « pincer » le cheval avec tes jambes au rythme du trot.

1 EFFECTUER DES TRANSITIONS SIMPLES ET ESPACÉES ENTRE L'ARRÊT, LE PAS ET LE TROT

Les transitions dites descendantes, du trot jusqu'à l'arrêt, consistent à passer sans brusquerie du trot au pas, puis du pas à l'arrêt. Elles t'entraînent à utiliser tes aides, pour ralentir en changeant rapidement d'allure et en effectuant des transitions fluides.

Comment procéder

- Si tu es au trot enlevé, ralentis le cheval et prends le trot assis. Continue à ralentir le cheval, en augmentant progressivement la tension sur des rênes ajustées. Pour y parvenir, il suffit de fermer les doigts sur les rênes, en soutenant les poignets et en redressant le buste.
- Lorsque le cheval a pris le pas, cède en ouvrant progressivement les doigts et accompagne son encolure avec les mains.
- Continue à agir en douceur avec les mains, pour arrêter le cheval.

CONSEILS DU MONITEUR

- Les **actions de mains** doivent toujours être très progressives, pour ne pas faire souffrir la bouche du cheval.
- Pendant les transitions, tes **jambes** doivent rester au contact.

DESCENDRE DE CHEVAL EN AUTONOMIE ET EN SÉCURITÉ

1

Le cheval doit rester parfaitement immobile pendant que tu mets pied à terre, mais ne descends jamais de cheval sans l'autorisation du moniteur.

Comment procéder

- Ajuste les rênes pour maintenir le cheval arrêté.
- Déchausse les étriers, prends appui avec les deux mains au niveau du garrot et incline ton buste en avant.
- Si le cheval reste immobile, lève ta jambe droite vers l'arrière et vers le haut par-dessus la croupe, en évitant de la toucher (cela l'inciterait à avancer).
- Laisse-toi ensuite glisser sur le côté gauche du cheval et mets souplement pied terre.
- Pour sortir de l'espace de travail, ne lâche pas les rênes et passe-les par-dessus l'encolure, pour maintenir le cheval.

CONSEIL DU MONITEUR

Lorsque tu n'es pas en selle, remonte les étriers pour éviter qu'ils ne tapent dans les flancs du cheval lorsqu'il se déplace, qu'ils ne s'accrochent à quelque chose ou qu'ils ne heurtent des voitures, par exemple, lorsque tu marches le long d'une route.

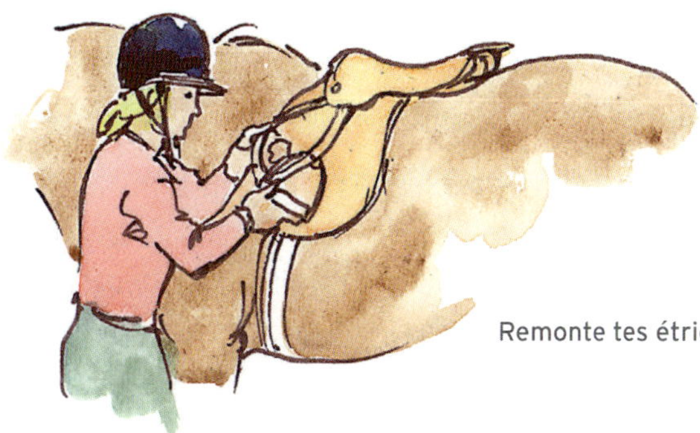

Remonte tes étriers.

- Remonte ensuite les étriers.
- Dessangle de deux trous du côté gauche, pour donner de l'aise au cheval.
- N'hésite pas à remercier ta monture avec une caresse pour le plaisir qu'elle t'a donné.

1 LES PREMIÈRES FOULÉES DE GALOP

En allongeant le trot, le cheval passe normalement au galop, allure plus agréable pour le cavalier que le trot. On parle de « changement d'allure ». Au galop, tu ne ressens plus les secousses du trot, car le dos du cheval effectue un mouvement de bascule, que tu dois accompagner souplement.

EXPRESSIONS DE CAVALIERS

***« Au galop ! »** Le galop est l'allure la plus rapide du cheval. Pour beaucoup de cavaliers, c'est aussi la plus agréable.*

- Le cheval prend plus facilement le galop dans un tournant et s'il a la tête dirigée légèrement vers l'extérieur, en direction du pare-bottes.
- Pour partir au galop, ajuste un peu plus la rêne extérieure, du côté du pare-bottes, et rallonge la rêne intérieure. Si tu as une appréhension, tiens-toi au pommeau de la selle de la main intérieure, en même temps que tu tiens la rêne. Agis avec les jambes à l'entrée d'un tournant, pour que le cheval « tombe dans le galop ». Cette manière est généralement utilisée pour « sentir » les premiers galops.
- Tu peux galoper avec ou sans étriers, en suspension ou assis.

Le chef de reprise donne la vitesse de l'allure, qui doit être suivie par tous en conservant les distances.

Galoper en suspension

Mets-toi en équilibre sur les étriers, buste légèrement incliné en avant. C'est la position utilisée pour débuter ou pour les galops rapides. Il est préférable de chausser les étriers un peu plus courts, pour pouvoir te mettre en équilibre : talons bas, buste légèrement penché en avant et rênes ajustées. Tu peux poser tes mains sur l'encolure pour accompagner les mouvements de ton cheval, et te tenir à une poignée de crins si tu as une petite appréhension.

En équilibre, fesses hors de la selle.

En équilibre, fesses dans la selle pour que les jambes puissent agir.

Galoper assis

Si tu es suffisamment à l'aise, tu peux déchausser les étriers pour galoper assis, sans quitter le fond de la selle, en conservant le buste d'aplomb. La souplesse de ton bassin et le libre jeu de tes articulations te permettront d'accompagner les mouvements du dos du cheval.

CONSEIL DU MONITEUR

- Certains chevaux rechignent à passer au galop et restent au trot rapide, ce qui n'est pas confortable. Une action vigoureuse des jambes (ou de la cravache) les fait alors passer au galop.
- Pour éviter que le cheval ne coupe les tournants et ne vienne à l'intérieur de la carrière, garde la rêne extérieure un peu plus courte que l'autre.
- Observe les cavaliers de dressage : ils sont chaussés très long et restent toujours assis dans leur selle. Inversement, les jockeys de galop « montent très court » afin de laisser le cheval totalement libre de ses mouvements, mais cette position ne leur permet pas de bien diriger le cheval.

1 Un seul de ces cavaliers tient ses rênes correctement. Lequel ?

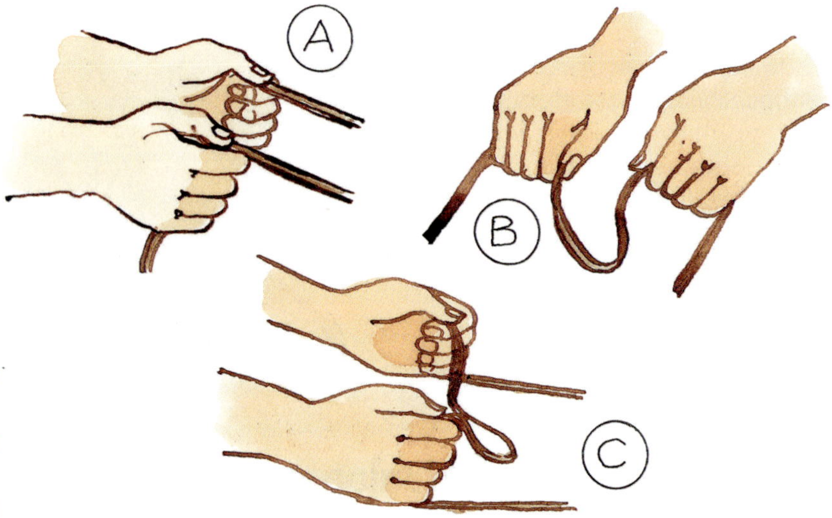

A ○
B ○
C ○

2 Ce cavalier ne réussira certainement pas son premier Galop s'il ne corrige pas ses erreurs. À toi de trouver ce qui ne va pas.

A ○ Il ne tient pas correctement ses rênes.
B ○ Ses jambes sont trop reculées.
C ○ Son buste est trop penché en avant.
D ○ Ses étriers sont chaussés à fond.
E ○ Il ne porte pas de casque.
F ○ Il ne tient pas correctement sa cravache.

3 Pour ralentir et arrêter un cheval, il faut :

A ❍ Tirer fort sur les rênes.

B ❍ Avancer les jambes.

C ❍ Redresser le buste.

D ❍ Serrer progressivement les doigts sur des rênes ajustées.

E ❍ Continuer à tirer lorsque le cheval est arrêté.

4 Pour partir au pas, il faut :

A ❍ Desserrer légèrement les doigts sur les rênes.

B ❍ Relâcher complètement les rênes.

C ❍ Exercer des pressions brèves et répétées sur les flancs du cheval.

D ❍ Donner des à-coups avec les rênes.

E ❍ Crier pour que le cheval avance.

F ❍ Donner tout de suite des grands coups avec les talons.

Réponses p. 92

5 Pour faire tourner un cheval qui est au pas, il faut :

A ◯ Tirer sur la rêne du côté où l'on veut tourner.

B ◯ Se pencher fortement du côté où l'on veut tourner.

C ◯ Tourner légèrement le buste dans la direction à prendre.

D ◯ Attirer, avec la rêne, le bout du nez dans la direction à prendre.

E ◯ Taper avec le talon du côté où l'on veut tourner.

F ◯ Ajuster les rênes, avant d'agir avec les mains.

6 Un seul de ces trois cavaliers a les étriers correctement chaussés. Lequel ?

A ◯

B ◯

C ◯

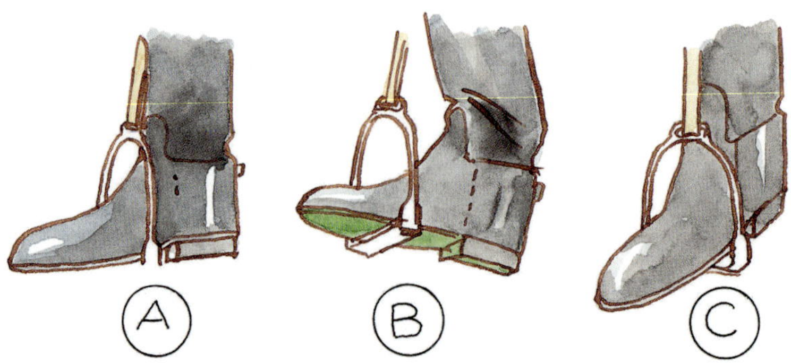

7 Pour aborder correctement un cheval attaché, il faut :

A ◯ Le prévenir en arrivant.

B ◯ L'approcher le plus rapidement possible.

C ◯ Arriver par-derrière pour le surprendre.

D ◯ Lui parler d'une voix douce en l'approchant.

E ◯ Se méfier s'il couche ses oreilles.

F ◯ L'approcher avec un chien.

G ◯ Faire attention à ce qu'il ne te bouscule pas.

8 Pour attraper un cheval ou un poney en pâture, il faut :

A ◯ L'approcher calmement sans crier.

B ◯ Courir vers lui.

C ◯ Commencer par ouvrir la boucle du licol.

D ◯ Se mettre à sa gauche pour lui passer le licol.

E ◯ Lui tendre la main en lui parlant.

F ◯ Lui présenter une friandise.

G ◯ Le frapper s'il a rechigné à se laisser attraper.

Réponses p. 92

9 Quelles précautions faut-il prendre en mettant un licol à un cheval ?

A ❍ Vérifier qu'il y a bien une longe au licol.

B ❍ Se placer du côté droit du cheval.

C ❍ Préparer le licol en ouvrant la boucle.

D ❍ Ne pas toucher les oreilles en manipulant le licol.

E ❍ Serrer le plus possible le licol.

F ❍ Faire en sorte que la muserolle soit placée sur les naseaux.

G ❍ Caresser le cheval, lorsque le licol est bouclé.

10 Sur ces trois dessins, un seul licol est bien mis et correctement ajusté. Lequel ?

A ❍

B ❍

C ❍

11 Quelles précautions faut-il prendre en attachant un cheval dans le club ?

A ◯ Ne pas l'attacher à un endroit où il peut gêner.

B ◯ Attaché trop bas, il risque de se faire une prise de longe.

C ◯ L'attacher avec un nœud qui se défait facilement.

D ◯ L'attacher le plus court possible.

E ◯ Ne pas l'attacher trop court, car il risquerait de se sentir prisonnier.

F ◯ Il est inutile d'attacher le cheval.

G ◯ Attacher deux chevaux au même anneau.

12 Sais-tu exactement à quoi sert le pansage ?

A ◯ Nettoyer le cheval.

B ◯ Le masser.

C ◯ Le chatouiller.

D ◯ Vérifier qu'il n'est pas blessé.

E ◯ Démêler les crins.

F ◯ Nettoyer le dessous des sabots.

G ◯ Devenir copain avec le cheval.

Réponses p. 92

13 Connais-tu le nom des principaux instruments de pansage ? Écris les numéros des instruments dans les cases correspondantes.

- **A** ◯ Cure-pieds
- **B** ◯ Étrille métallique
- **C** ◯ Étrille en caoutchouc
- **D** ◯ Étrille finlandaise
- **E** ◯ Bouchon

14 Sais-tu utiliser correctement les différents instruments de pansage ?

- **A** ◯ L'étrille sert à décrotter le cheval.
- **B** ◯ L'étrille métallique est passée sur la tête.
- **C** ◯ L'étrille métallique n'est passée que sur les parties charnues.
- **D** ◯ Le bouchon n'est passé que sur les tendons.
- **E** ◯ L'étrille est passée avec des mouvements circulaires.
- **F** ◯ Il faut faire attention à ne pas abîmer la sole avec le cure-pieds.

15 Numérote les cases de 1 à 2 pour indiquer le bon ordre d'utilisation de ces instruments de pansage.

A ◯ Le bouchon

B ◯ L'étrille

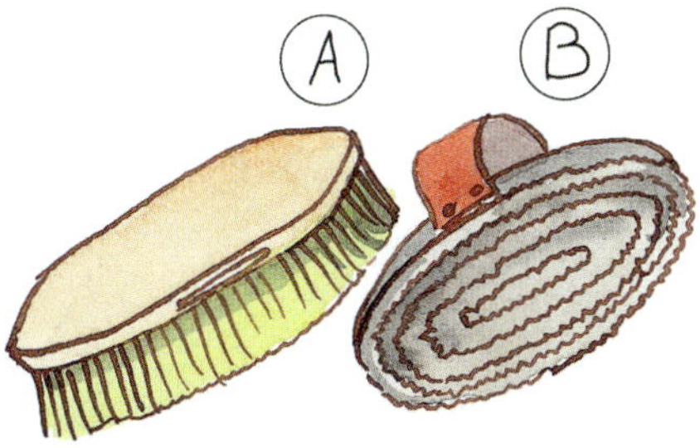

16 Quelles précautions faut-il prendre pour mener en main un cheval équipé d'un filet ?

A ◯ Se placer sur le côté gauche du cheval.

B ◯ Se mettre au niveau de sa croupe.

C ◯ Laisser les étriers pendants.

D ◯ Remonter les étriers ou les croiser par-dessus la selle.

E ◯ Ne pas tenir les rênes trop près de la bouche.

F ◯ Laisser pendre le flot des rênes.

G ◯ Marcher devant le cheval dans les passages étroits.

Réponses p. 92

17 Que faut-il faire avant de se mettre en selle ?

A ◯ Mettre les chevaux en paquet au milieu du manège.

B ◯ Descendre les étriers.

C ◯ Vérifier le sanglage.

D ◯ Régler la longueur des étrivières.

E ◯ Vérifier que les boucles des étrivières sont bien remontées.

F ◯ Laisser pendre les rênes.

G ◯ Attendre l'ordre du moniteur.

18 Connais-tu les règles à suivre lorsque tu participes à une reprise ?

A ◯ Venir au milieu à chaque occasion.

B ◯ Garder ses distances entre les chevaux.

C ◯ Serrer les chevaux les uns contre les autres.

D ◯ S'arrêter sur la piste pour ramasser sa cravache.

E ◯ Laisser le cheval « couper les coins ».

19 Comment débrider correctement un cheval ?

A ◯ Défaire les boucles du montant du filet.

B ◯ Déboucler la muserolle.

C ◯ Défaire la sous-gorge.

D ◯ Retirer le filet sans défaire aucune boucle.

E ◯ Défaire les rênes du filet.

F ◯ Démonter le mors.

20 Note dans les cases un numéro de 1 à 6 pour indiquer dans quel ordre il faut débrider un cheval qui est dans son box.

A ◯ Glisser la têtière vers l'avant en touchant le moins possible les oreilles.

B ◯ Passer les rênes au bras.

C ◯ Déboucler la sous-gorge.

D ◯ Libérer délicatement le mors.

E ◯ Mettre le bridon ainsi que les rênes au bras pour les transporter.

F ◯ Déboucler la muserolle.

Réponses p. 92

21 Comment desseller correctement un cheval ?

A ❍ Remonter les étriers.

B ❍ Déboucler la sangle du côté gauche.

C ❍ Placer la sangle sur la selle pour la transporter.

D ❍ Poser la selle par terre devant le cheval.

E ❍ Laisser la selle dessanglée sur le cheval.

22 Après avoir dessellé et débridé un cheval, que faut-il faire ?

A ❍ Laver le mors du filet.

B ❍ Poser la selle et le filet par terre dans le box.

C ❍ Suspendre le filet à sa place dans la sellerie.

D ❍ Ranger les selles les unes sur les autres.

E ❍ Mettre la selle sur son porte-selle.

F ❍ Faire sécher le tapis.

23 Note dans les bonnes cases les numéros correspondant aux différentes parties du cheval indiquées sur le dessin. Même si tu ne les connais pas toutes, tu peux essayer de les deviner ! Vérifie ensuite tes réponses.

- **A** ◯ Nuque
- **B** ◯ Encolure
- **C** ◯ Garrot
- **D** ◯ Tête
- **E** ◯ Dos
- **F** ◯ Rein

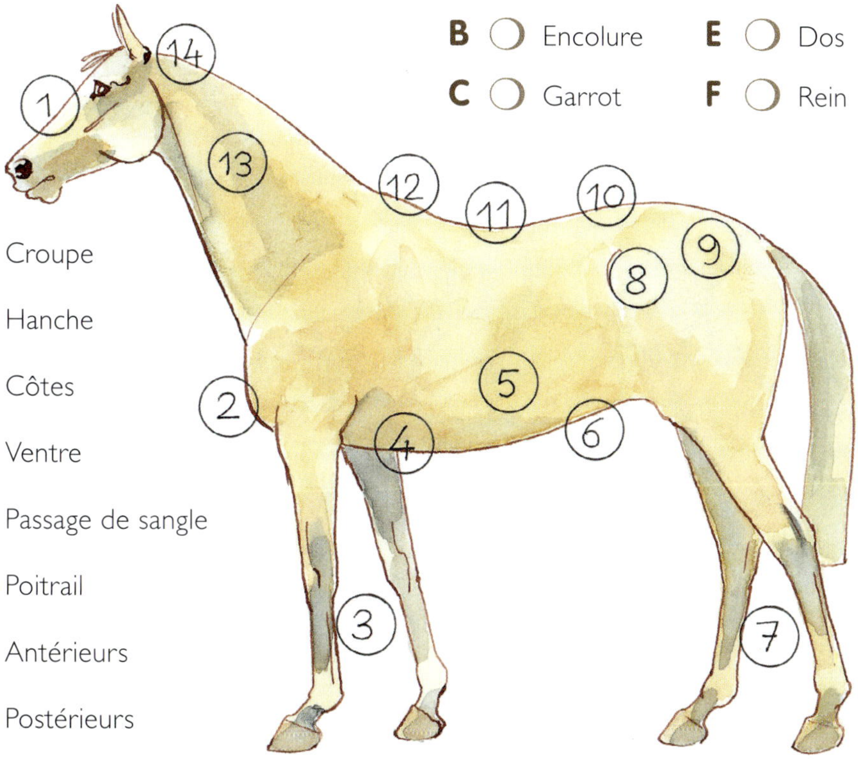

- **G** ◯ Croupe
- **H** ◯ Hanche
- **I** ◯ Côtes
- **J** ◯ Ventre
- **K** ◯ Passage de sangle
- **L** ◯ Poitrail
- **M** ◯ Antérieurs
- **N** ◯ Postérieurs

24 En équitation, on divise le cheval en trois parties. Coche les cases correspondant aux bonnes définitions.

- **A** ◯ « L'avant-main » est la partie située en avant des mains du cavalier.
- **B** ◯ « L'avant-train » est située en avant du cheval.
- **C** ◯ « Le corps » est la partie située sous le cavalier.
- **D** ◯ « L'arrière-main » est la partie située en arrière du cavalier.

Réponses p. 92

25 Connais-tu les principales robes des chevaux ou des poneys ? Note les numéros des robes figurant sur les dessins dans les cases correspondantes.

A ○ Alezan

B ○ Bai

C ○ Noir

26 Es-tu certain de bien connaître les principales règles de sécurité, lorsque tu es dans le club ? Pour le vérifier, coche les cases qui te semblent correspondre à des règles à respecter.

A ◯ Prévenir le cheval avant de l'aborder.

B ◯ Ouvrir la porte du box en grand pour sortir et entrer en menant le cheval.

C ◯ Être prudent en nourrissant les chevaux.

D ◯ Chahuter près des chevaux.

E ◯ Demander l'autorisation avant d'entrer dans un manège.

F ◯ Ne jamais laisser un cheval en liberté dans le club.

Réponses p. 92

27 **Es-tu certain de bien connaître les principales règles de sécurité, lorsque tu es à cheval ? Pour le vérifier, coche les cases qui te semblent correspondre à des règles à respecter.**

A ○ Ne jamais monter sans un casque ou une bombe.

B ○ Monter avec des tennis sans talons.

C ○ Avancer en début de reprise, alors que les autres sont encore à pied.

D ○ Ne pas tenir les rênes.

E ○ Rentrer dans le box en restant à cheval.

28 Amuse-toi au jeu des 7 erreurs !

Maintenant que tu as répondu à toutes les questions, tu peux t'amuser à chercher les 7 erreurs commises sur le dessin.
Mets une petite croix au crayon à côté de chaque erreur et contrôle tes réponses au bas de la page suivante.

Réponses p. 92

1 RÉPONSES AUX QUESTIONS

Numéro des questions	Bonnes réponses
1	C
2	B, C, E
3	C, D
4	A, C
5	C, D, F
6	B
7	A, D, E, G
8	A, C, D, E, F
9	A, C, D, G
10	B
11	A, B, C, E
12	A, B, D, E, F, G
13	A3, B1, C5, D4, E2
14	A, C, E, F
15	A2, B1
16	A, D, E, G
17	B, C, D, E, G
18	B
19	B, C
20	A4, B1, C3, D5, E6, F2
21	A, B, C
22	A, C, E, F
23	A14, B13, C12, D1, E11, F10, G9, H8, I5, J6, K4, L2, M3, N7
24	A, C, D
25	A3, B1, C2
26	A, B, C, E, F
27	A
28	• Le poney est attaché trop bas. • Le licol est trop grand. • Une fourche est posée par terre. • Le cavalier frotte les tendons avec l'étrille. • Le cavalier se tient juste derrière le poney. • La selle est posée directement par terre. • Un adulte fume dans l'écurie.

GALOP 2

DANS LE RESPECT DE LA CHARTE DU CAVALIER FFE

- Panser son cheval ou son poney, le préparer et le brider.
- À pied : le mener sur un tracé précis, faire bouger ses épaules et ses hanches.
- En selle :
  - réaliser individuellement des parcours avec des contrats d'allures et de tracé au pas, au trot et au galop en alternant l'équilibre assis et sur les étriers.
  - sauter un petit obstacle.

CONNAISSANCES GÉNÉRALES

- Citer les règles de sécurité à mettre en pratique dans un manège ou une carrière.
- Reconnaître et nommer l'étrille, le bouchon, la brosse douce et le cure-pieds.
- Caractériser les différents types de logements des chevaux : pré, paddock, stabulation, box, stalle.
- Indiquer les principales activités équestres et les principales activités proposées par son club.
- Expliquer les aides pour avancer.
- Nommer les parties du filet et de la selle.
- Nommer les figures de manège usuelles et les dessiner sur un papier : cercle, volte, diagonale, doubler.

CONNAISSANCE DU CHEVAL

- Décrire les caractéristiques principales des cinq sens du cheval.
- Décrire les comportements des chevaux entre eux.
- Connaître les besoins en eau et les modes d'hébergement.
- Décrire les comportements alimentaires.
- Décrire la bouche du cheval et comment il s'alimente.
- Reconnaître les aliments de base suivant : herbe, foin, paille, céréales, granulés.
- Nommer et reconnaître :
  - les robes tachetées et pie ;
  - le blanc, le gris, le crème et le chocolat, dites autres robes.
- Décrire et montrer les parties principales des membres : genou, jarret, canon, boulet, pâturon, couronne, sabot.
- Reconnaître les principaux types de chevaux ou de poneys.

S'OCCUPER DU CHEVAL

- Aborder un cheval en stabulation, au paddock ou au pré.
- Le lâcher dans son box, son pré ou dans la stabulation.
- Observer le comportement des chevaux ou des poneys entre eux.
- Mettre un filet.
- Faire un pansage en utilisant l'étrille, le bouchon et la brosse douce.
- Curer les pieds antérieurs.
- Prendre un postérieur.
- Faire un nœud d'attache.
- Distribuer les aliments.
- Seller.
- Entretenir la selle.

PRATIQUE ÉQUESTRE À PIED

- Faire reculer le cheval de deux pas.
- Le mener en main sur un tracé précis alternant des lignes droites et courbes des deux côtés.
- Le mener en main au trot quelques foulées.
- Déplacer sa tête à droite et à gauche, en haut et en bas.
- Déplacer ses épaules ou ses hanches au pas minimum, à partir de l'arrêt.

PRATIQUE ÉQUESTRE À CHEVAL

- Régler seul ses étriers à pied et à cheval.
- Se mettre seul en selle.
- Ressangler seul en selle.
- Mettre en pratique les règles de circulation.
- Lâcher les rênes, les reprendre et les ajuster au trot.
- Trotter assis en cherchant une bonne posture.
- Galoper assis en cherchant une bonne posture.
- Alterner l'équilibre assis et sur les étriers au pas, au trot et au galop.
- Partir au galop et maintenir le galop.
- Changer d'allure sur des transitions simples et progressives : arrêt – pas ; pas – trot ; trot – galop.
- Diriger au pas et au trot sur un tracé défini incluant : cercle, volte, diagonale et doubler.
- Sauter un petit obstacle sur la piste au trot ou au galop.

Connaissances générales

Connaissance du cheval

S'occuper du cheval

Pratique équestre à pied

Pratique équestre à cheval

2 RÈGLES DE CIRCULATION DANS UN MANÈGE OU UNE CARRIÈRE

Les leçons collectives d'équitation ont lieu dans un manège couvert ou une carrière découverte. Les règles de circulation permettent aux cavaliers de ne pas être gênés dans leur travail. Voici celles que tu dois connaître, ainsi que les expressions utilisées par les cavaliers.

Expressions à connaître

- La **piste** est empruntée par le cavalier lorsqu'il longe le bord du manège ou de la carrière.
- Un cavalier est **piste à main droite** lorsque l'intérieur du manège est à sa droite. Sa main et sa jambe droites sont alors appelées **main et jambe intérieures**.
- Inversement, un cavalier est **piste à main gauche** lorsque l'intérieur du manège est à sa gauche. Sa main et sa jambe droites sont dans ce cas appelées **main et jambe extérieures**.
- Lorsque deux cavaliers marchant à la même allure se croisent en sens inverse, le règlement international veut que la priorité revienne à celui qui est **piste à main gauche** (l'autre se décale sur une piste intérieure pour le laisser passer). Mais dans de nombreux clubs, il est d'usage de laisser la priorité au cavalier qui est piste à main droite. Tu dois donc suivre les habitudes de ton club.
- Lorsque deux cavaliers marchant à des allures différentes se croisent, celui qui est à **l'allure supérieure a la priorité**. Par exemple, celui qui est au galop a la priorité sur celui qui est au trot.
- Lorsqu'un cavalier évolue sur un cercle, **sa main intérieure** se situe vers le centre du cercle.
- La **ligne du milieu** est située au milieu du manège, dans le sens de la longueur.
- **Former la reprise** signifie se mettre à cheval l'un derrière l'autre en suivant le chef de reprise, tout en conservant les distances de sécurité.
- **Changer de main** signifie changer de sens, passant par exemple de « piste à main droite » à « piste à main gauche ».

Sécurité

- Quelle que soit la situation, ne reste jamais « en paquet » avec les chevaux, pour éviter des querelles. Il est indispensable de conserver ses distances avec les autres chevaux, comme tu l'as appris au Galop 1.
- N'entre jamais dans un manège ou dans une carrière si tu n'y es pas autorisé. Attends que la piste soit libre pour entrer et salue le moniteur ainsi que les autres cavaliers.
- Au début de la reprise, les cavaliers doivent se ranger sur la ligne du milieu, l'un à côté de l'autre, en conservant les distances de sécurité.
- Reste à pied en attendant que le moniteur t'autorise à te mettre en selle.
- Reste immobile sur la ligne du milieu tant que le moniteur ne t'invite pas à avancer.
- Conserve ensuite le pas sur la piste, en attendant les ordres du moniteur.
- Ne dépasse pas le cavalier qui te précède sans l'avoir prévenu et attends son autorisation. Maintiens la distance de sécurité latérale entre lui et toi lorsque tu le dépasses.
- Sur la piste, garde tes distances : conserve une longueur de cheval avec celui qui te précède afin d'éviter les coups de pied, et ne pas marcher sur ses postérieurs.

Pour connaître les figures de manège, rends-toi aux pages 172-173.

SYSTÈMES INNOVANTS

• ***Une écurie ouverte*** ***permet aux chevaux de vivre en semi-liberté et de conserver des relations entre eux sur une surface relativement restreinte. Ils disposent alors d'un abri collectif, d'un point d'eau permanent de mangeoires, et généralement d'un distributeur de foin.***

• ***Dans une écurie active,*** ***le cheval est obligé de se déplacer le long de grands couloirs pour rejoindre les lieux d'intérêt comme l'abri, le distributeur d'aliments, de foin, le point d'eau, les zones de roulage et de défécation... Ce qui lui fait un exercice régulier. Des systèmes informatisés délivrent en plusieurs fois la quantité de granulés composant la ration de chaque cheval muni d'un collier transpondeur. Cela les oblige à fractionner leur ration tout en se déplaçant.***

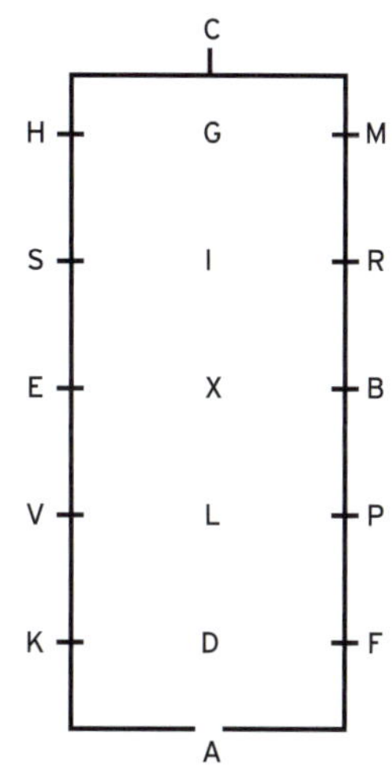

Les lettres qui servent de repères

2 RECONNAÎTRE ET NOMMER LES INSTRUMENTS DE PANSAGE

En préparant le Galop 1, tu as appris à te servir de l'étrille et du bouchon. D'autres instruments de pansage, comme le cure-pied et la brosse douce, sont également utilisés pour un pansage plus soigné. Voici comment les reconnaître et les utiliser efficacement. Pour effectuer un pansage soigné, il est nécessaire de te servir des différents instruments de pansage dans un ordre précis.

L'étrille

Passée sur les parties charnues du cheval, elle sert à enlever les saletés à la racine des poils et à séparer ceux qui sont collés par la sueur ou la boue. Il existe plusieurs modèles d'étrilles, en plastique ou en métal pour les actions plus dures. L'étrille finlandaise a des picots qui peuvent également servir à peigner la crinière. L'étrille ne nettoie pas, elle décrotte.

Le bouchon

C'est une brosse faite de poils rigides en nylon ou en chiendent. Le bouchon est utilisé pour enlever les saletés décollées par l'étrille sur l'ensemble du corps du cheval, mais également pour démêler les crins de la crinière et de la queue.

La brosse douce

La brosse douce a des poils souples et serrés qui ramassent les poussières en profondeur et lissent les poils.

Le cure-pied

Il en existe en plastique ou en métal, tous étant utilisés pour curer les pieds du cheval, c'est-à-dire enlever les saletés tassées sous les sabots. Certains modèles sont même équipés d'une petite brosse destinée à nettoyer la sole.

Sac et caisse de pansage

Le matériel de pansage est rangé et transporté dans un sac ou dans une caisse, sur laquelle tu pourras monter pour atteindre les parties hautes du cheval.

Plus tard, pour les grandes occasions, tu apprendras à « toiletter le cheval » en tressant ou en nattant sa crinière et sa queue.

En gardant la tête à l'extérieur du box, les chevaux peuvent communiquer entre eux.

À l'état naturel, les chevaux vivent constamment dehors, mais, pour les avoir à disposition, ils sont généralement hébergés dans un box, une stalle, un paddock ou une stabulation plus ou moins grande. Chaque type d'hébergement a ses avantages mais également ses inconvénients, pour le cheval comme pour les personnes qui s'occupent de lui.

Le box classique

Le box classique est un cube d'environ 3 mètres de côté, équipé d'un abreuvoir et d'une mangeoire où sont déposés les aliments. Le sol est recouvert d'une litière, le plus souvent en paille, destinée à absorber les urines et à améliorer le confort du cheval lorsqu'il se couche. La porte est munie d'un ou deux verrous, qu'il faut fermer correctement lorsque le cheval est à l'intérieur. Le volet du haut peut être fermé la nuit pendant la saison froide. Le box est pratique pour l'entretien du cheval, qui n'a cependant pas de contacts avec ses congénères.

En box, le cheval est seul, libre de bouger.

La stalle

Alors que le cheval bénéficie d'une certaine liberté quand il est dans un box, il est attaché entre deux bat-flanc quand il est en stalle. Une litière lui permet également de se coucher, et il doit reculer pour sortir de sa stalle. En pansant le cheval, il faut éviter de se faire coincer contre les bat-flanc. Par sécurité pour les chevaux, ce type d'hébergement est de moins en moins utilisé.

Le cheval ne doit être attaché en stalle que temporairement.

La stabulation

Les poneys sont généralement mis à plusieurs dans une stabulation, qui est un espace commun couvert. La litière y est en paille. Dans ce type d'hébergement, les poneys ou les chevaux bénéficient d'un effet de groupe. Attention à ne pas te faire bousculer en les nourrissant, et fais attention à ne pas libérer les autres en sortant celui que tu vas monter.

En stabulation, les poneys sont libres dans un espace commun bien fermé.

Le paddock

On appelle paddock un espace clôturé qui n'est pas couvert et qui permet aux chevaux de se détendre. On parle également de parc. Les chevaux en paddock bénéficient d'une certaine liberté, mais ont tendance à se salir lorsque le terrain est boueux, ce qui complique le pansage. Il faut éviter de mettre ensemble des chevaux qui ont tendance à se quereller.

Le pré

Dans un pré, le cheval peut se nourrir de l'herbe qu'il pâture. Il y retrouve des conditions de vie et d'alimentation naturelles avec ceux de son groupe. Le pré est entouré d'une clôture, généralement électrique, et dispose d'un endroit pour boire : point d'eau naturel ou abreuvoir. Un abri permet aux chevaux de se protéger de la pluie, du soleil et des insectes, nombreux en été. Chevaux ou poneys peuvent être mis en groupe dans une même pâture, car un cheval n'aime pas vivre seul. Il peut cependant être difficile d'attraper les chevaux pour les monter.

CONSEIL DU MONITEUR

Pour éviter les blessures dues à des querelles entre chevaux ou à des accidents de clôture, il est préférable d'héberger les chevaux qui travaillent régulièrement dans des boxes plutôt que de les laisser ensemble en pâture. De plus, ils se salissent moins en box et sont accessibles plus facilement. Toutefois, les chevaux élevés en groupe en pâture sont mentalement plus équilibrés que ceux vivant constamment en box.

En extérieur, au paddock, les chevaux sont libres de bouger et se tiennent compagnie.

Tout en progressant à cheval, tu vas découvrir de nombreuses activités équestres qui peuvent compléter ta formation de cavalier et, pourquoi pas, te permettre de devenir un jour champion dans l'une d'entre elles ! Voici les principales disciplines encadrées par la Fédération française d'équitation.

Le bon franchissement d'un obstacle dépend beaucoup de la façon dont il est abordé.

Les disciplines olympiques

Le concours de saut d'obstacles (CSO)

Jadis appelé concours hippique, le CSO consiste à sauter des obstacles mobiles (qui peuvent tomber) disposés sur un parcours, à effectuer dans un ordre et dans un temps donnés, en évitant de commettre des fautes : obstacle renversé, barres tombées, refus, erreur de parcours. Il en existe de tous niveaux.

Le concours de dressage

Lors de cette épreuve, le cavalier effectue le plus souvent un ensemble de figures imposées, aux trois allures. Le cheval est jugé sur la précision des figures, la qualité de ses allures, etc.

Le concours complet d'équitation (CCE)

Le CCE classique comprend une épreuve de dressage, une épreuve de cross sur obstacles fixes et une épreuve de saut d'obstacles. La somme des points marqués dans ces trois disciplines permet de classer les cavaliers.

Autres disciplines

Voici d'autres disciplines équestres organisées par la FFE.

Attelage

Discipline sportive ou de loisir, où une voiture à cheval est tirée par un ou plusieurs chevaux. La compétition comprend une épreuve de dressage, une épreuve de marathon sur obstacles fixes et un parcours de maniabilité. Il existe des concours pour poneys et d'autres pour chevaux.

Endurance à cheval et en attelage

L'épreuve consiste à parcourir une longue distance, allant jusqu'à 160 kilomètres. Le parcours est jalonné de contrôles vétérinaires, qui vérifient que les chevaux sont aptes à continuer la course sans risque pour leur santé.

TREC monté et en attelage

Discipline reine des cavaliers de pleine nature, elle comprend un parcours d'orientation et de régularité (POR), un parcours en terrain varié (PTV) jalonné de difficultés naturelles, une épreuve de présentation et une épreuve de maîtrise des allures (MA) au pas rapide et au galop le plus lent. Ces épreuves individuelles ou en équipe peuvent être réalisées en attelage.

Le hunter

Le style est noté dans un enchaînement d'obstacles pour lequel, contrairement au CSO, le cavalier est jugé sur son efficacité et sa position sur obstacles mobiles.

L'équitation sur poney

Le championnat de France poneys se déroule chaque année à Lamotte, qui est également le siège de la FFE.

Sports d'équipe

Le horse-ball, le polo, les pony games, etc.

Les équitations de travail

L'équitation camargue, l'équitation western, etc.

La voltige en cercle ou en ligne droite

D'autres disciplines équestres seront vues dans la préparation du Galop 4.

L'equifeel

Il s'agit de tests se faisant à pied pour montrer la complicité du cheval avec le cavalier.

L'équitation western

Cette discipline révèle les quantités de maniabilité et de travail du bétail.

L'équitation en amazone

Elle se pratique avec une selle spécifique, les deux jambes de la cavalière du même côté.

CONSEIL DU MONITEUR

Dans un premier temps, contente-toi de ton apprentissage de cavalier, et surtout prends plaisir à monter à cheval !

Les aides sont le moyen dont dispose le cavalier pour communiquer avec le cheval et lui transmettre ses indications.
Ce sont surtout tes jambes qui commandent au cheval d'avancer et d'accélérer, pour passer éventuellement à l'allure supérieure. Les actions de jambes doivent être progressives et dosées en fonction de la sensibilité du cheval.

CONSEILS DU MONITEUR

- Si le cheval rechigne à avancer, tu peux faire un appel de langue ou renforcer ton action de jambes en tapant modérément sur son épaule avec une cravache.
- Tiens la cravache dans la main située vers l'intérieur du manège, cela incite le cheval à rester sur la piste.

Préparer le cheval

Lorsque ton moniteur te demande d'avancer, ajuste tes rênes pour obtenir un contact doux avec la bouche du cheval. Avec tes jambes en place, c'est-à-dire placées en arrière de la sangle, mets tes mollets au contact. À ce moment, le cheval comprend déjà que tu vas lui demander quelque chose.

Agir avec ses jambes

Pour faire avancer le cheval, tu dois agir avec tes jambes par des pressions successives de l'arrière vers l'avant. Pour cela, il est important de ne pas bloquer les genoux.

L'action des jambes doit toujours être progressive.

Ouvrir les doigts

En même temps que tu agis avec tes jambes, ouvre légèrement les doigts tout en maintenant les rênes entre le pouce et l'index et en avançant légèrement les mains. Cette action permet au cheval d'allonger son encolure sans se sentir bloqué dans sa bouche, pendant que tes jambes lui demandent d'avancer.

L'action des jambes doit être progressive, car les chevaux ne réagissent pas tous de la même façon. Commence doucement et répète progressivement tes actions de jambes, en agissant de plus en plus fort, éventuellement par de petits coups de talon, jusqu'à ce que le cheval obéisse. Cesse tes actions dès que tu as obtenu satisfaction, mais reste vigilant, pour entretenir avec tes jambes l'activité du cheval, qui ne doit pas ralentir de lui-même.

Dès que ta monture est en mouvement, tes mains lui indiquent la direction à prendre.

Progressivement, tu apprendras à te servir du poids de ton corps, par l'intermédiaire de ton assiette, pour accompagner et amplifier avec tes reins les mouvements du dos du cheval.

Au trot, l'encolure du cheval reste fixe, tes mains ne bougent pas. Il n'en est pas de même au pas et au galop où elles doivent accompagner les mouvements d'encolure.

Les mains avancent pour « ouvrir la porte ».

2 LES DIFFÉRENTES PARTIES DU FILET ET DE LA SELLE

La selle et le filet constituent les principaux équipements du cheval. Tu dois apprendre à connaître les différentes parties qui les composent. Entraîne-toi à les mémoriser sur les dessins, ou directement, au club, sur la selle et le filet.

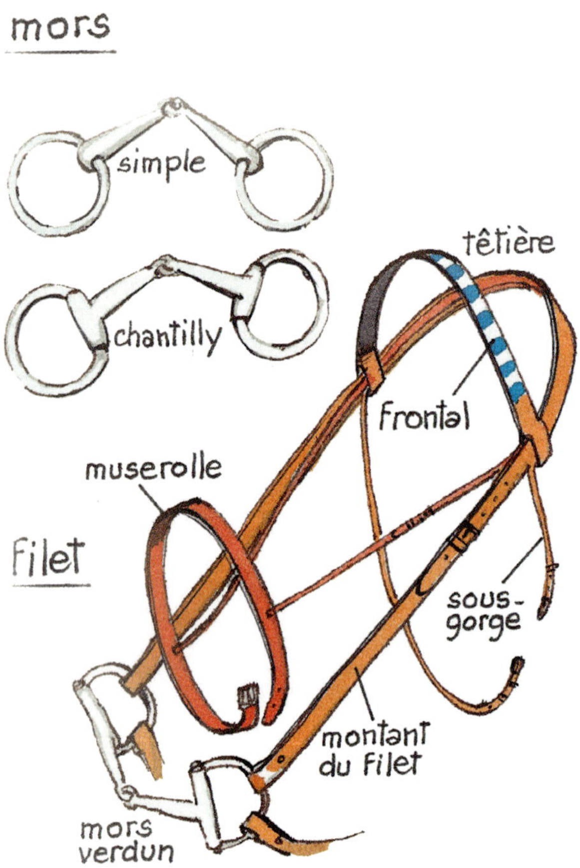

Le filet

Également appelé « bridon », le filet est composé de parties en cuir (ou en matière synthétique) et de parties métalliques, comme les boucles et le mors. Les différentes parties peuvent être réglées en fonction de la tête du cheval.

Le filet classique est composé des parties suivantes :

- la **têtière**, qui prend appui sur la nuque, juste derrière les oreilles ;
- le **frontal**, disposé sur le front, qui aide à maintenir le filet en place ;
- les **montants**, qui permettent de régler la longueur et qui se bouclent sur les anneaux du mors ;
- la **sous-gorge**, qui maintient le filet en place ;
- la **muserolle** ; il en existe plusieurs modèles, dont la plupart limitent l'ouverture de la bouche du cheval pour améliorer l'action du mors ;
- le **mors**, qui est généralement en métal ; il en existe de très nombreux modèles, dont les actions sont différentes.

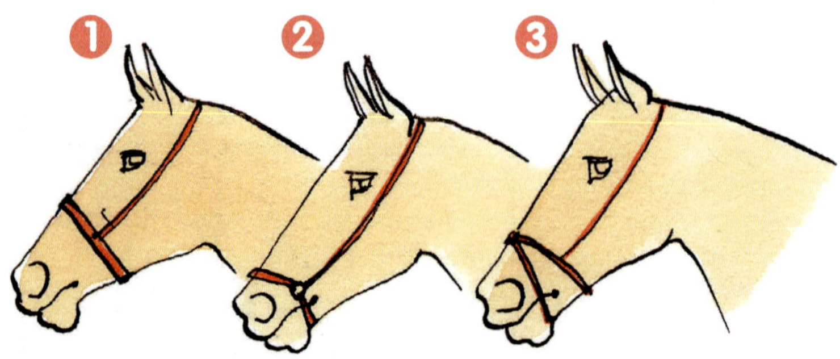

La muserolle est indépendante mais complémentaire du filet.
1. Muserolle française
2. Muserolle allemande
3. Muserolle combinée, croisée

La selle

La selle, utilisée avec un tapis de selle, comprend des étriers suspendus par des étrivières qui passent par des crochets porte-étrivières, lesquels peuvent s'ouvrir en cas de problème. La sangle maintient la selle en place. Il existe de nombreux modèles de selles, adaptées à l'utilisation du cheval et à la morphologie du cavalier. Toutes les selles doivent cependant s'adapter au dos du cheval. L'échancrure située à l'avant offre un dégagement du garrot.

Une petite pièce de cuir appelée protège-boucles ou « omelette » est placée sur les sanglons, pour éviter que les boucles de la sangle n'abîment le quartier.

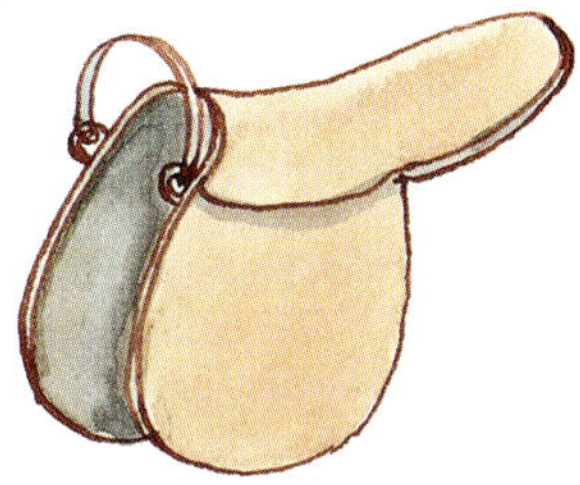

Selle de poney ou bardette

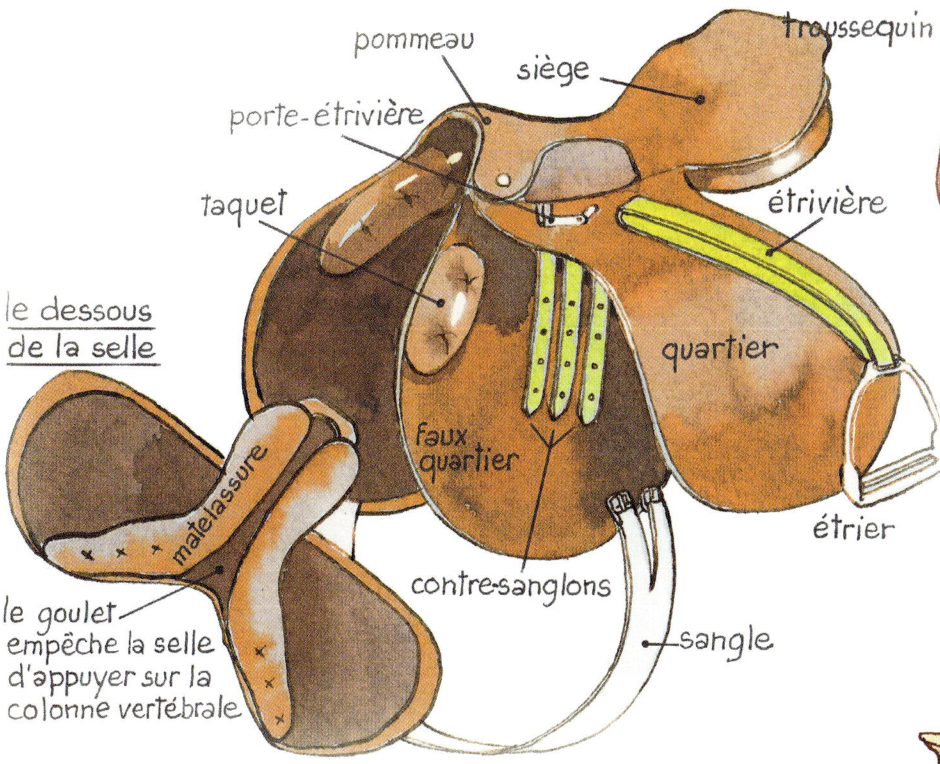

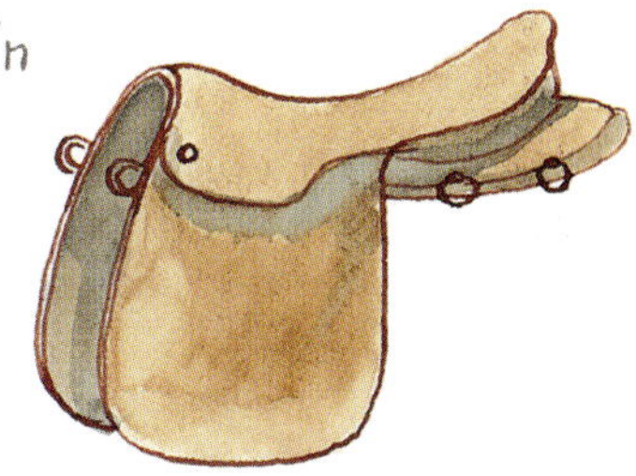

Selle de randonnée

Selle mixte

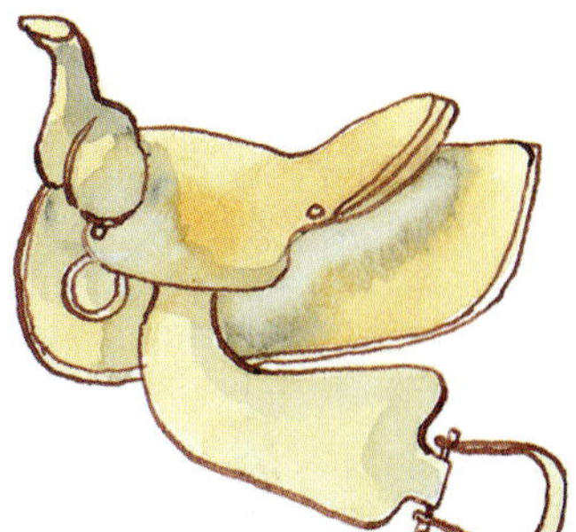

Selle western

CONSEIL DU MONITEUR

Le prix d'une bonne selle est élevé. Tu dois l'utiliser et l'entretenir avec soin. Pose-la de préférence sur un porte-selle et évite de la laisser sous la pluie. Tu apprendras progressivement à entretenir ton équipement.

2 PRINCIPALES PARTIES DES MEMBRES, DE LA TÊTE ET DU DESSOUS DU SABOT DU CHEVAL

Chaque partie des membres du cheval a un nom précis que tu dois connaître pour réussir ton Galop 2.

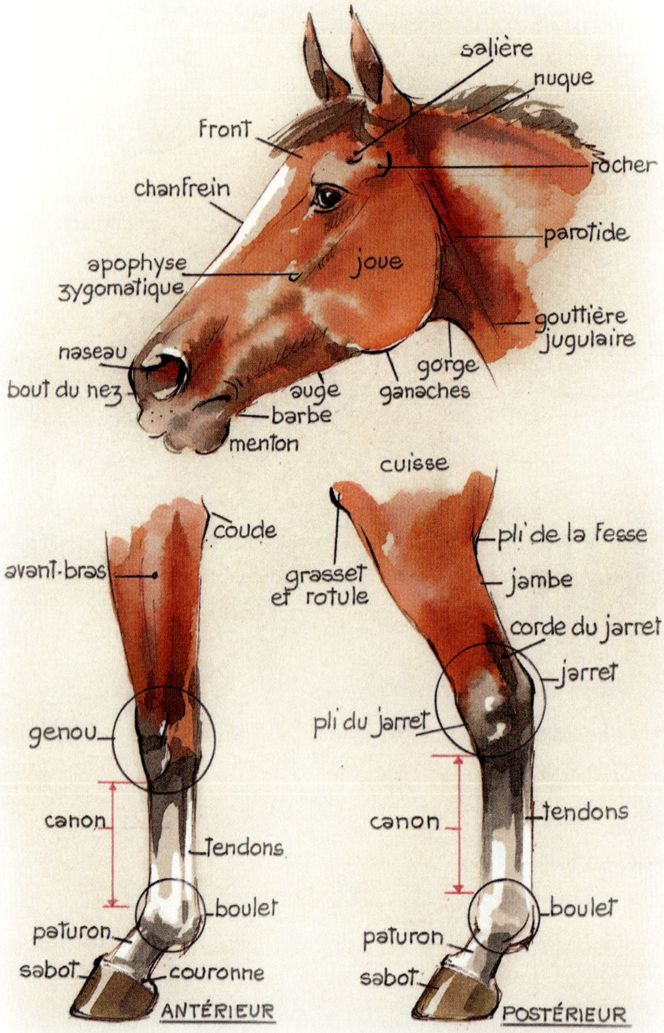

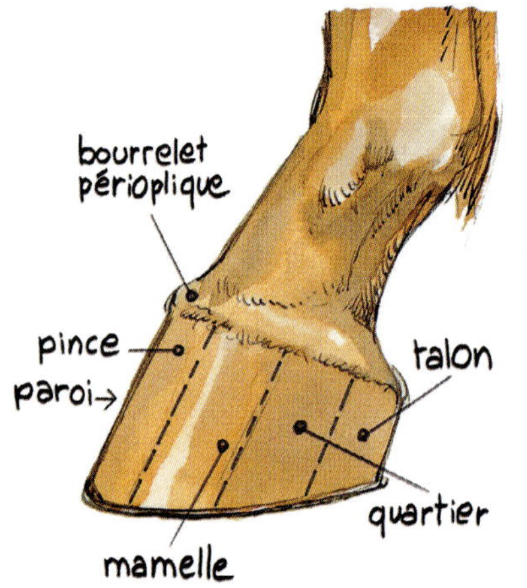

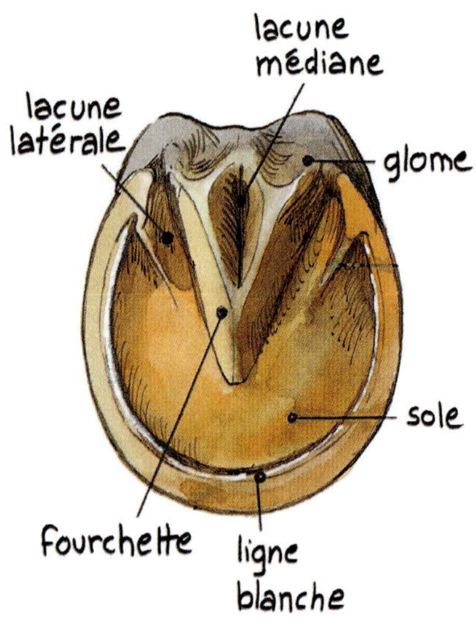

CONSEILS DU MONITEUR

- Pour situer le canon et le boulet sur le membre du cheval, tu peux penser que le canon est long et qu'il tire des boulets (partie ronde située sous le canon).
- La chataîgne est une excroissance de corne située sur la face interne du membre.

Comme toi, le cheval a cinq sens : la vue, l'ouïe, l'odorat, le goût et le toucher. Ces sens lui ont permis de s'adapter et de survivre au cours de son évolution, en échappant notamment aux prédateurs.

La vue

Le cheval ne voit pas exactement comme nous, mais il perçoit très bien les mouvements, même lointains. Il voit presque tout autour de lui, sauf deux petits angles morts juste devant et derrière lui. Il peut donc, par exemple, voir la cravache située sur le côté. En revanche, il ne peut pas voir ta main posée sur son chanfrein ou une friandise présentée au niveau de sa bouche. Pour distinguer ce qui est juste devant ou derrière lui, il doit tourner la tête sur le côté. De loin, il voit en relief l'obstacle qui lui est présenté ; quand ce dernier se trouve juste devant lui, il disparaît de sa vue, mais le cheval peut le sauter car il l'a mémorisé. Sur les côtés, il ne voit pas en relief, mais peut distinguer des objets en mouvement. Comme le chat, il voit beaucoup mieux que nous la nuit, même s'il distingue mal les couleurs. Il est également très sensible aux variations brusques de luminosité.

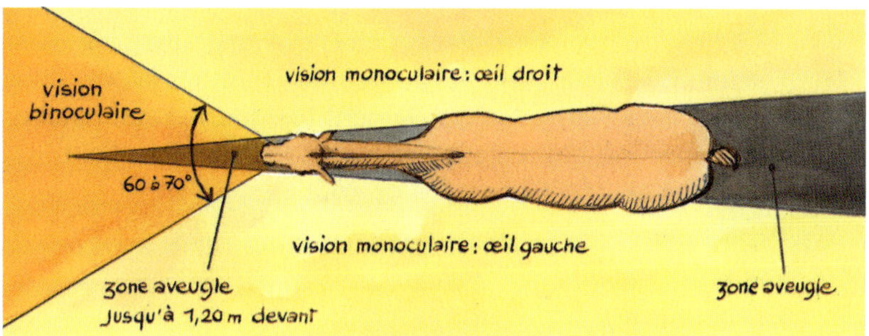

L'ouïe

L'ouïe du cheval est très fine. Ses oreilles, mobiles et indépendantes l'une de l'autre, lui permettent de localiser l'origine d'un bruit ; il oriente alors le pavillon de ses oreilles dans cette direction. Grâce à la finesse de son ouïe, il peut être attentif à ce qui l'entoure même lorsqu'il broute de l'herbe. Il n'aime pas les bruits importants, mais appréciera ta voix si elle est calme et apaisante. La position des oreilles révèle les humeurs et les intentions du cheval.

CONSEIL DU MONITEUR

Le cheval possède une grande mémoire et se souvient longtemps de ce que ses sens lui ont permis d'observer. Les sens du cheval vivant en liberté sont très développés, car sa survie dépend d'eux : ils lui permettent de détecter les dangers, de se défendre et de bien choisir ses aliments. La domestication a cependant atténué la finesse de certains d'entre eux.

Les angles de vision du cheval ne sont pas identiques aux nôtres.

L'odorat

L'odorat du cheval est bien développé, sans être aussi fin que celui du chien par exemple. Dans la nature, le cheval se sert de son odorat pour trouver les points d'eau, et il inspecte les objets inconnus ainsi que les autres chevaux en les reniflant. C'est aussi grâce à la finesse de leur odorat que la jument et son petit se reconnaissent, même dans le noir. C'est en se flairant mutuellement que les chevaux prennent contact. Après avoir flairé une jument, l'étalon retrousse sa lèvre supérieure pour mieux analyser son odeur et savoir si elle peut être fécondée. Cette attitude caractéristique est appelée « flehmen ».

Le goût

Après avoir flairé un aliment, le cheval le goûte pour identifier s'il lui convient ou non, car il n'a pas la possibilité de vomir pour rejeter un aliment toxique. À l'état naturel, il n'apprécie pas le goût sucré, mais les friandises l'ont progressivement habitué à ce goût.

Le toucher

Le sens du toucher diffère selon les zones du corps du cheval : certaines d'entre elles, comme le dos ou le garrot, sont si sensibles qu'il peut sentir une mouche se poser, et la chasser en faisant frémir un muscle peaucier. La corne de ses pieds est insensible, mais il a la faculté d'adapter son équilibre à la nature du sol. Ses lèvres sont entourées de poils sensibles, appelés vibrisses et comparables aux moustaches du chat. Elles lui permettent par exemple de trier finement ses aliments.

Toi qui apprécies le contact avec les chevaux, tu dois savoir ce qui motive leur comportement et leurs réactions sociales au sein d'un troupeau. Ainsi, tu pourras développer avec eux une confiance mutuelle, afin de mieux les comprendre et de t'entendre avec ces animaux très sensibles.

Deux chevaux « copains » prennent plaisir à se gratter mutuellement.

L'instinct grégaire du cheval

À l'état naturel, le cheval vit en « famille » ; il ne reste jamais seul s'il n'y est pas obligé. Un groupe de chevaux vivant en totale liberté comprend un étalon, plusieurs juments et des poulains. Chaque étalon garde jalousement ses juments et ne laisse pas approcher d'autres mâles. Chez les chevaux que tu as l'occasion de monter, les étalons sont castrés (on parle de hongres) et ne peuvent donc plus se reproduire. Cette opération, la castration, rend les chevaux mâles plus dociles, on peut donc mélanger dans un même groupe plusieurs chevaux. Ils restent cependant animés par un instinct grégaire, ou instinct de groupe. Observe des chevaux qui pâturent : il y en a toujours au moins un qui garde la tête en l'air et joue le rôle de sentinelle ; à la moindre alerte, si tu entres dans la pâture par exemple, il prévient les autres.

Un animal de fuite

Au temps de la préhistoire, les chevaux, beaucoup plus petits, étaient des proies pour les grands carnassiers. Même si les prédateurs sont désormais absents, les chevaux qui se sentent en danger sont toujours prêts à fuir, en décochant éventuellement quelques ruades pour retarder leur adversaire. C'est ce qui peut arriver lorsque tu approches brusquement un cheval sans le prévenir, car il peut te considérer comme un prédateur.

Un groupe hiérarchisé

Lorsque plusieurs chevaux partagent un même espace, une hiérarchie s'instaure et les dominants vont s'imposer et soumettre les autres. Apprends à les repérer lorsque tu nourris le groupe : ce sont eux qui vont se servir les premiers et écarter les autres. Parfois, c'est un petit poney qui s'impose à des chevaux beaucoup plus forts que lui. Les poulains jouent entre eux et, au travers de ces jeux, forgent leur personnalité, chacun trouvant la place qu'il occupe au sein du groupe. Certains s'entendent bien avec les autres, et tu peux les observer, tête-bêche avec un congénère, se gratter l'un l'autre les parties du corps qu'ils ne peuvent atteindre eux-mêmes. On dit qu'ils ont des affinités.

Moyens de communication

La communication entre les chevaux s'établit de quatre façons :

- **visuelle,** en utilisant des postures et des expressions codées ;
- **auditive,** par des hennissements, des couinements, des gémissements et des bruits adaptés à des messages particuliers ;
- **olfactive,** par l'odorat, en se reconnaissant par exemple grâce à leur odeur ;
- **tactile,** en se touchant, en se toilettant mutuellement, en se bousculant ou en se mordant.

CONSEIL DU MONITEUR

Observe la façon dont les chevaux se comportent et tu en apprendras beaucoup sur leur nature. Intéresse-toi également à l'éthologie équine, c'est-à-dire à l'étude du comportement des chevaux entre eux, avec d'autres animaux et dans leurs contacts avec l'homme. Sache qu'un cheval apparemment docile peut se montrer agressif avec d'autres chevaux.

Les lèvres du cheval sont tellement habiles qu'il est capable de ramasser un petit grain d'avoine par terre !

À l'état naturel, le cheval en pâture broute plus de la moitié du temps, le jour comme la nuit. Au club, il doit modifier ses habitudes alimentaires, car l'intensité de son travail nécessite une alimentation riche, distribuée à heures régulières et tenant compte de ses activités.

Nourri en pâture

En pâture, le cheval passe plus de la moitié de la journée et de la nuit à brouter, la tête baissée à la recherche des espèces végétales qui lui conviennent le mieux. Ses lèvres habiles et ses vibrisses sensibles lui servent à choisir ses aliments. S'il travaille régulièrement, il est nécessaire de lui apporter des aliments concentrés, comme les granulés. En hiver, lorsque l'herbe ne pousse plus, il faut lui donner du foin.

Nourri au box

Le volume de l'estomac du cheval étant relativement faible (12 à 15 litres), il convient de fractionner la ration journalière en trois ou quatre repas lorsque le cheval est hébergé en box : un le matin, deux répartis dans la journée et un le soir. Le reste du temps, lorsqu'il n'est pas monté, il s'occupe en grignotant la paille de sa litière ou le foin qui lui est distribué. La ration est composée d'aliments concentrés et surtout de fourrages, qui seront étudiés plus loin. Pour connaître l'ordre de distribution des aliments, réfère-toi aux pages 140-142. Le foin est généralement distribué le soir, le cheval ayant ainsi toute la nuit pour le consommer.

2 RECONNAÎTRE LES ALIMENTS DE BASE DU CHEVAL

Le cheval en box ou en stalle n'a pas d'herbe à sa disposition pour se nourrir, il est donc nécessaire de lui apporter tous les aliments indispensables à ses besoins alimentaires. Tu dois savoir reconnaître les principaux aliments donnés aux chevaux.

Ration journalière

On appelle ration journalière la quantité totale d'aliments distribuée au cheval pendant une journée. Cette ration est en général fractionnée en trois repas. Elle doit être non seulement adaptée à l'intensité du travail du cheval, mais également équilibrée en vitamines et en minéraux. La ration est composée des éléments suivants…

De la bonne herbe

On parle de pâture naturelle, ou artificielle lorsque la végétation de cette dernière a été semée. Une bonne pâture est bien verte à la belle saison, pas trop humide et pas envahie de mauvaises herbes, que les chevaux ne consomment pas.

Du foin

Le foin (également appelé fourrage) est constitué d'herbe coupée, séchée et pressée en ballots ou en grandes balles. Il est donné en remplacement de l'herbe fraîche et doit être conservé au sec pour garder toutes sa valeur énergétique. Un bon foin craquant dégage une bonne odeur. Attention aux foins moisis, nocifs pour les chevaux.

De la paille

La paille est généralement issue des tiges de blé, après que les grains ont été prélevés. Utilisée comme litière, elle absorbe bien l'urine. Elle n'est pas très énergétique, mais le cheval en grignote une partie pour s'occuper lorsqu'il est dans un box.

Des céréales

Les céréales font partie des aliments concentrés. L'avoine est très énergétique, mais également excitante. On lui préfère souvent l'orge, très nourrissante, dont les grains durs peuvent être concassés ou trempés pour que le cheval les assimile plus facilement. Le maïs concassé est également apprécié par les chevaux.

Des granulés

Ce sont des aliments complets contenant tout ce dont un cheval a besoin : céréales, foin, pulpe de betterave, vitamines, minéraux. Ils peuvent avoir des tailles différentes ou se présenter sous forme de flocons, plus faciles à absorber. Le cheval a besoin de boire beaucoup après avoir consommé des granulés car il produit 2 litres de salive pour mâcher 1 litre de granulés.

D'autres aliments

D'autres aliments, comme les fruits, les carottes, les betteraves ou le pain, peuvent compléter la ration. Il adore tout ce qui est sucré, mais il faut éviter de lui donner trop de friandises ou de sucre.

C'est l'heure du repas, chaque cheval a sa ration prévue.

Les rations des chevaux sont généralement données en litres. Des mesures comme celles-ci, qui ont une contenance de 1 litre, permettent de personnaliser la ration de chaque cheval.

CONSEIL DU MONITEUR

Chaque club a ses habitudes alimentaires pour les chevaux, mais tous ne consomment pas la même ration quotidienne. Lors de la distribution des aliments, tu dois respecter les quantités, généralement affichées sur les boxes. Préviens ton moniteur si tu observes que le cheval n'a pas consommé sa ration.

2 LA BOUCHE DU CHEVAL, COMMENT IL SE NOURRIT

À l'état naturel, le cheval se nourrit uniquement avec l'herbe de la prairie : c'est un herbivore. Pour manger, il rassemble une touffe d'herbes avec ses lèvres habiles, puis il l'arrache d'un coup de tête sur le côté avant de la mâcher avec ses puissantes molaires. Avec sa langue, il fait ensuite remonter dans sa bouche les aliments mâchés, puis les avale.

CONSEILS DU MONITEUR

- Le vieux cheval a souvent du mal à mâcher et met plus de temps que les autres pour consommer ses aliments. Il peut être nécessaire de l'isoler, pour que les autres ne lui chipent pas sa ration.
- Il faut présenter régulièrement les chevaux à un dentiste équin, afin que les dents puissent remplir correctement leur fonction.

Les lèvres, la langue et les dents permettent au cheval d'absorber les aliments, qu'il mélange à de la salive. Les poils appelés vibrisses qui recouvrent ses lèvres lui servent à choisir ses aliments. Ses lèvres sont si habiles qu'elles peuvent ramasser un simple grain d'avoine par exemple. Chaque mâchoire comprend deux types de dents :

- **Les incisives,** situées en avant des mâchoires, sont utilisées pour arracher les touffes d'herbes. On en compte six pour chaque mâchoire : deux pinces, deux mitoyennes et deux coins. Les deux crochets pointus qui suivent correspondent à nos canines. Sauf exception, seuls les mâles en portent ; la jument a donc quatre dents de moins qu'un mâle.
- **Les molaires,** situées en arrière de la mâchoire, agissent comme des meules pour mâcher les aliments en les mélangeant à de la salive. Ensuite, le cheval avale la bouchée en remontant sa langue.

Comme un enfant, le jeune cheval a des dents de lait, qu'il perd progressivement pour laisser place aux dents de remplacement. À cinq ans, un cheval a ses dents définitives, qui vont s'user et pousser tout au long de sa vie ; examiner leur aspect permet d'estimer l'âge de l'animal.

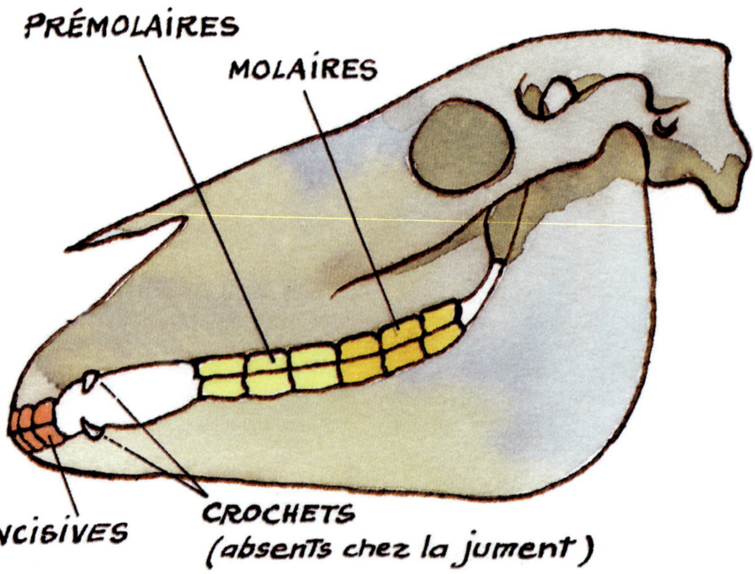

BESOINS EN EAU ET MODE D'ABREUVEMENT DU CHEVAL

2

La salive, la transpiration, l'urine, l'humidité des crottins, etc., provoquent des pertes en eau, que le cheval doit compenser en buvant beaucoup, surtout lorsqu'il fait chaud et qu'il transpire abondamment. Tu peux observer que le cheval boit en aspirant l'eau, et qu'il peut donc s'abreuver à même le sol.

L'eau : indispensable.

Besoins en eau

Hébergé en box, le cheval consomme entre 20 et 60 litres d'eau par jour, voire plus. En pâture, il boit moins car l'herbe verte broutée contient beaucoup d'eau. L'eau doit être claire, fraîche, pure et sans odeur. Une eau trop froide peut être à l'origine de coliques lorsque le cheval en boit beaucoup d'une seule traite. En promenade, évite de le laisser boire dans des flaques, car elles peuvent contenir des produits agricoles nocifs. Le box est généralement équipé d'un abreuvoir automatique qui se remplit au fur et à mesure que le cheval boit, mais dont il faut régulièrement vérifier le bon fonctionnement.

Ne laisse pas le cheval boire d'une seule traite une grande quantité d'eau froide après le travail.

CONSEIL DU MONITEUR

Au retour d'une promenade par temps chaud, ne laisse pas le cheval boire d'une traite une grande quantité d'eau froide, car ce n'est pas bon pour son organisme. Laisse-le boire en plusieurs fois quelques gorgées uniquement. Si tu n'arrives pas à relever sa tête pour l'empêcher de boire, une astuce consiste à introduire un doigt dans sa bouche au niveau de la commissure des lèvres pour « désamorcer sa pompe naturelle ».

NOMMER ET RECONNAÎTRE DES ROBES DE CHEVAUX

La famille dite « autres robes » comprend le blanc, le gris, le crème et le chocolat. Elle complète les robes de la famille de base : noir, alezan et bai, étudiées au Galop 1.

Quatre critères permettent de définir les robes :

- la couleur des poils ;
- la couleur des extrémités (crinière, queue et bas de membres) ;
- la couleur de la peau (sur l'ensemble du corps) ;
- la couleur des yeux.

Parmi les familles de robes de base, on trouve la famille des noirs, celle des bais et celle des alezans, qui ont été étudiées au Galop 1. Une quatrième famille, appelée « autres robes », regroupe toutes les autres robes. En voici les principales…

Nom de la robe	Poils	Crins	Peau	Yeux	Particularités
Blanc	Blancs	Blancs	Rose	Foncés	Sabots clairs Quelques rares poils et crins peuvent être colorés. Robe rare, à ne pas confondre avec le gris.
Gris	Mélange blancs et noirs	Mélange blancs et noirs	Noire	Foncés	Nombreuses nuances de gris : clair, foncé, truité, moucheté, etc. La robe s'éclaircit au fil des années.
Crème	Crème	Blancs, grisâtres ou crème	Rose	Clairs (bleus, verts ou noisette)	Deux nuances de crème : le « cremello », aux crins plus clairs que les poils, et le « perlino », aux crins grisâtres plus foncés que les poils.
Chocolat	Chocolat foncé (robe rare)	Chocolat foncé	Noire	Foncés	Terme donné lorsqu'on ne peut pas déterminer si les crins sont noirs (chevalbai foncé) ou marron foncé (cheval alezan brûlé).

Les taches sur la robe

Des taches, notamment de poils blancs, peuvent se situer sur la robe, en particulier au bas des membres. Ce sont les balzanes, qui seront étudiées dans les prochains Galops.

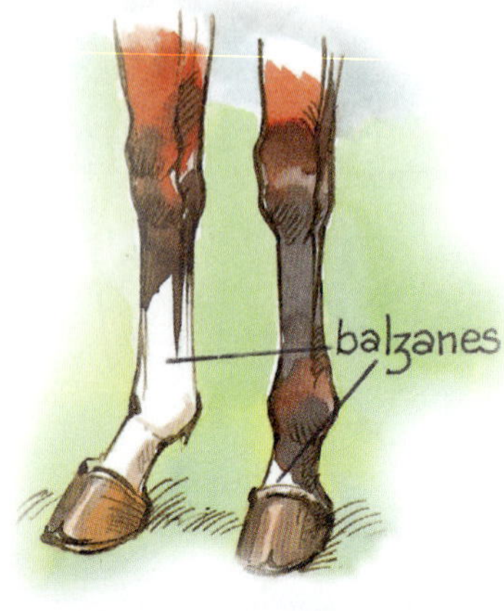

Mélanges de poils et panachures

Les mélanges de poils correspondent à des indications supplémentaires pour définir les robes de base.

- Granité : mélange stable de poils blancs.
- Grisonnant : mélange évolutif de poils blancs.
- Fumé : semis de poils noirs ou extrémités de poils noirs.

Robes panachées

De nombreux poneys ont des taches plus ou moins grandes dans la robe. Les robes **pie** ont des plaques de poils blancs sur le corps. Si la robe de base est noire, on parle de **noir pie**, si la robe de base est alezane, on parle d'**alezan pie**, et si elle est baie, on parle de **bai pie**.

Si les taches blanches dans la robe de base sont petites, la robe est dite **tachetée** : alezan tacheté, bai tacheté ou noir tacheté.

EN SAVOIR PLUS

Depuis 1999, une nouvelle nomenclature des robes remplace l'ancienne classification qui manquait de précision.

- *Les robes* ***isabelle*** *(poils jaunâtres) et* ***souris*** *(poils cendrés) avec des crins noirs ou très foncés, une peau noire et des yeux foncés, font partie de la famille des bais.*
- *La robe* ***aubère*** *a des poils blancs dans une robe de base alezane.*
- *Si quelques poils fauves sont parsemés dans une robe noire, le cheval est dit* ***noir pangaré****.*

2 RECONNAÎTRE LES RACES DE CHEVAUX OU DE PONEYS DU CLUB

Parmi la cavalerie de ton club, les chevaux et les poneys appartiennent certainement à des races différentes. Certaines sont très reconnaissables, d'autres moins. Pour passer ton Galop 2, tu dois savoir reconnaître au moins trois races d'après leur apparence, mais attention : les races sont très nombreuses, et pas toujours faciles à identifier.

CONSEILS DU MONITEUR

- Des chevaux ou des poneys n'appartenant pas à une race officiellement reconnue sont dits « d'origine non constatée ». Il y en a certainement dans ton club. Leur aspect physique permet souvent de deviner leurs origines.
- Pour ne pas confondre un poney avec un poulain, sache que le cheval n'atteint sa taille adulte que passé 5 ou 6 ans.

Notions de race

- Chevaux et poneys appartiennent à la famille des **équidés**. Ils sont du genre *Equus*, qui est composé de divers groupes. Les deux principaux sont le cheval (*Equus caballus*) et l'âne (*Equus asinus*). Le zèbre et l'hémione en font également partie.
- Schématiquement, on peut classer les chevaux en quatre grandes familles suivant leur utilisation : les chevaux de selle, les chevaux de trait, les chevaux de course, les poneys.
- Suivant les pays, il existe de nombreuses races de chevaux et de poneys qui peuvent s'être croisées entre elles, et il est souvent difficile d'identifier la race d'un cheval uniquement à son aspect physique. En préparant ton Galop 2, tu dois savoir désigner la race de quelques chevaux et poneys que tu connais bien dans ton club.

Quelques races bien reconnaissables

Les plus petits sont certainement des poneys, mais attention, certains peuvent être aussi grands que des chevaux. Voici quelques repères qui te permettront de reconnaître des races faciles à identifier.

- Le **shetland** est un petit poney très poilu et doté d'une grosse tête. Il y a certainement des shetlands dans ton club, et c'est peut-être sur l'un d'eux que tu as débuté en équitation.
- Le **camargue** est un cheval pas très grand, le plus souvent gris clair le plus souvent, avec de longs poils et une queue touffue.
- Le **selle français** est un cheval plutôt grand, pas très gros, et souvent utilisé à l'obstacle, car il est doué pour cette discipline.
- L'**espagnol** est un grand cheval gris ou bai, généralement doté d'une longue crinière. Il est particulièrement adapté au dressage et a de belles allures.
- Le **haflinger** est un poney trapu plutôt grand. Il a des crins très clairs.
- Le **fjord** est un poney plutôt trapu, avec une queue foncée, tout comme parfois l'extrémité de ses membres. Sa crinière particulière, aux crins noirs et marron clair, est reconnaissable à sa coupe en brosse.
- Le **mérens** est un poney assez grand, plutôt trapu, avec une robe très foncée.
- L'**arabe** n'est pas grand, plutôt fin, et a fière allure.
- Le **trotteur** ressemble à un selle français.

LES RACES DE CHEVAUX

Les races de chevaux et de poneys sont nombreuses en France. Il n'est pas toujours facile de les différencier. La race est mentionnée sur le document d'identification du cheval. On distingue schématiquement quatre grandes familles de chevaux :

- ***Les chevaux de selle** sont destinés à être montés ou attelés. Ils sont les plus nombreux en équitation avec des pratiques sportives ou de loisir.*
- ***Les poneys** se caractérisent par leur taille inférieure à 1,48 mètre au garrot. Ils sont utilisés pour être montés en sport, en loisirs ou être attelés.*
- ***Les chevaux de course** de **galop** sur le plat ou à l'obstacle, ainsi que ceux de **trot**, montés ou attelés, sont les plus rapides sur les hippodromes dans leur catégorie.*
- ***Les chevaux de trait** sont adaptés aux travaux nécessitant de la puissance. Trapus et massifs, ils étaient jadis utilisés en agriculture et participent également à des activités de loisirs et des compétitions d'attelage de sport.*

2 ABORDER UN CHEVAL EN BOX, EN STABULATION OU AU PRÉ

Que le cheval soit hébergé en box, attaché ou en pâture, tu dois le rassurer en l'abordant, car les chevaux sont souvent craintifs, quel que soit leur caractère. Les conseils de ton moniteur, qui connaît bien les chevaux du club, et les indications suivantes te permettront de savoir comment aborder un cheval suivant les circonstances.

CONSEIL DU MONITEUR

Que le cheval soit en box, en stabulation ou libre dans sa prairie, tu dois le rassurer en l'abordant, pour ne pas le surprendre, au risque de le voir s'éloigner de toi par crainte naturelle. Ne sois jamais brusque, parle-lui et laisse-lui le temps de se familiariser avec ta venue. S'il manifeste des attitudes d'intimidation, ne te laisse pas impressionner et reste ferme. En cas de problème, n'hésite pas à demander de l'aide à ton moniteur ou à un cavalier expérimenté.

DISTRIBUER LES ALIMENTS

La distribution des aliments doit se faire rapidement pour limiter l'excitation des chevaux. En entrant dans le box, ne te laisse pas bousculer par le cheval. Il est d'ailleurs conseillé de te faire aider par un responsable. Si les chevaux sont nourris collectivement, sois prudent car ils ont tendance à se quereller. Ensuite, laisse les chevaux tranquilles pendant qu'ils consomment leur ration. Les granulés ou les gains doivent être versés dans des mangeoires propres. Assure-toi également que l'abreuvoir est propre et qu'il fonctionne correctement.

Aborder un cheval attaché

Si le cheval est à l'attache, préviens-le pendant que tu t'approches et aborde-le sur le côté, au niveau de sa tête, car il ne te voit pas lorsque tu es juste derrière lui. Caresse son chanfrein et son encolure. Pour changer de côté, il est plus prudent de passer sous son encolure. Rares sont les chevaux de club agressifs, mais tu dois tout de suite prendre de bonnes habitudes pour garantir ta sécurité.

Aborder un cheval dans un box

En entrant dans le box, préviens le cheval en lui parlant d'une voix douce. Referme la porte derrière toi pour éviter qu'il ne sorte et dirige-toi vers sa tête. Caresse-le pour bien lui montrer que tu ne lui veux pas de mal. S'il t'impressionne, ne le lui montre pas, et veille à ce que tes gestes ne soient jamais brusques. S'il essaie de te coincer contre le mur, pousse-le sans brusquerie pour qu'il libère le passage. Ensuite, passe-lui le licol ou le bridon.

Aborder un cheval en stabulation

En stabulation, le cheval n'est pas seul et il faut tenir compte des autres chevaux pour éviter qu'ils ne te bousculent. Tout en restant dehors, observe le groupe pour t'habituer à eux. Tu peux appeler par son nom le cheval que tu dois attraper. Ensuite, dirige-toi vers sa tête en évitant les autres chevaux et caresse-le pour lui donner confiance, avant de lui passer le licol. Si vous êtes plusieurs à attraper les chevaux, entrez tous ensemble et refermez la barrière derrière vous. Ne sortez que lorsque tous les chevaux seront attrapés, pour éviter que l'un d'eux ne s'échappe.

Aborder un cheval au paddock ou dans une pâture

Attraper un cheval dans une pâture peut être difficile s'il a décidé de ne pas se laisser faire. Approche-toi lentement de lui en lui parlant pour le rassurer et en tendant la main vers lui. Une friandise l'incitera à se laisser approcher. S'il fait mine de partir, arrête-toi et recule d'un pas, pour lui montrer que tu ne lui veux pas de mal. Lorsqu'il est à nouveau confiant, reprends ton approche en procédant de la même façon, jusqu'à ce que tu l'atteignes. Cette technique, conseillée par les éthologues, s'appelle l'« approche retrait ». Ne cours surtout pas derrière lui car tu l'exciterais, sans compter qu'il sera toujours plus rapide que toi ! S'il y a plusieurs chevaux ensemble, méfie-toi des réactions de jalousie des autres, surtout si tu approches avec une friandise. Une fois arrivé au niveau de son encolure, caresse son chanfrein, son encolure, et passe-lui le licol. Attention, tant que ce dernier n'est pas bouclé, le cheval peut encore t'échapper ! Attends ensuite que les autres cavaliers aient attrapé leur monture pour sortir, en conservant toujours une bonne distance de sécurité entre vous. Tu constateras que certains chevaux se laissent beaucoup mieux attraper que d'autres…

CONSEIL DU MONITEUR

Même si tu en as envie, ne cherche jamais à approcher un poulain accompagné par sa mère, car elle se placera toujours entre lui et toi, et pourrait te bousculer en cherchant à protéger son petit. En revanche, sois certain qu'il suivra sa mère si tu la mènes au licol.

2 LÂCHER UN CHEVAL DANS UN BOX, UN PRÉ OU UNE STABULATION

Après ta leçon d'équitation, tu dois ramener le cheval dans son box, au pré ou dans une stabulation. Voici comment procéder, selon le cas.

Lâcher un cheval dans son box

Ouvre la porte du box en grand et précède le cheval pour entrer. Lorsque vous êtes à l'intérieur, rabats la porte derrière toi pour éviter qu'il ne s'échappe. Si ce n'est pas déjà fait, desselle-le. Après lui avoir prodigué les soins nécessaires, passe les rênes à ton bras et défais la muserolle et la sous-gorge, sans toucher aux autres boucles. Il te reste à enlever le filet doucement, sans accrocher les dents du cheval. Ensuite, sors et referme immédiatement le verrou.

Lâcher un cheval dans une stabulation

Si vous êtes à plusieurs, entrez tous dans la stabulation et refermez la barrière derrière vous. Comme pour le box, faites les soins nécessaires, retirez les filets et sortez tous ensemble avant de soigneusement refermer la barrière derrière vous.

Les filets sont retirés en même temps, lorsque tous les chevaux sont tournés dans le même sens.

Lâcher un cheval dans un pré

Pour lâcher un cheval au pré, tu dois généralement commencer par ouvrir une clôture électrique. Il est préférable de couper le courant, mais si ce n'est pas possible, saisis uniquement la partie isolée des poignées et évite absolument que le cheval ne touche le ruban. Fais attention à ce que d'autres chevaux n'en profitent pas pour sortir. Une fois à l'intérieur, remets les rubans en place ou, mieux, demande à un adulte de s'en charger.

Il est impératif que tous les chevaux soient libérés en même temps. Pour éviter que le tien ne t'entraîne vers l'intérieur, tu peux tourner sa tête vers la clôture (fermée) en débouclant le licol. Avant de le libérer, caresse-le et attend qu'il soit calme.

CONSEIL DU MONITEUR

Un cheval lâché dans une pâture peut partir brusquement en décochant un coup de pied d'excitation. Tu dois donc t'éloigner de lui lorsque tu le libères. Prends plaisir quelques instants à le voir s'ébattre dans sa pâture, car c'est certainement là qu'il est le plus heureux !

2 LE COMPORTEMENT DES CHEVAUX ENTRE EUX

Comprendre ce qui motive le comportement des chevaux et leurs réactions au sein d'un troupeau t'aidera dans tous tes contacts avec ces animaux très sensibles. Ainsi, tu pourras mieux t'entendre avec eux. Prends en particulier le temps d'observer un groupe de chevaux dans la nature.

Chevaux, poneys et ânes s'entendent généralement bien.

Lorsque les chevaux d'un club sont ensemble dans une pâture, ils ne retrouvent pas la structure naturelle d'un troupeau de chevaux sauvages (voir pages 113-114).

En effet, le groupe des chevaux de club n'est en général pas constitué d'un étalon, de juments et de poulains, comme c'est le cas chez ceux qui vivent en liberté, mais de hongres (chevaux castrés) et de juments, tous généralement adultes. Parfois, des poneys sont mêlés aux chevaux.

Tu peux alors observer plusieurs choses :

- Les chevaux sont souvent regroupé. Si le troupeau est important, ils se mettent par affinité en petits groupes et se déplacent tous en même temps.
- Deux chevaux qui s'aiment bien restent toujours l'un près de l'autre. Ils se livrent à leur toilette en se plaçant tête-bêche pour se gratter mutuellement les endroits qu'ils ne peuvent atteindre eux-mêmes. C'est la raison pour laquelle, lorsque tu brosses un jeune cheval et qu'il cherche à te mordiller, ce n'est pas pour t'agresser, mais pour te témoigner sa sympathie. Chacun chasse également avec sa queue les insectes qui importunent l'autre.
- Si des poneys sont mêlés au groupe, tu remarqueras que c'est souvent l'un d'eux qui dirige les grands chevaux. Comme quoi, ce n'est pas toujours le plus fort qui commande…

CONSEIL DU MONITEUR

Observe la façon dont les chevaux se comportent entre eux et tu en apprendras beaucoup sur leur nature. Intéresse-toi également à l'éthologie équine, science qui étudie le comportement des chevaux dans leur milieu naturel. Sache également qu'un cheval docile avec les cavaliers peut se montrer agressif avec d'autres chevaux.

- C'est au moment de la distribution de nourriture que tu peux repérer les dominants : ils se servent les premiers en chassant momentanément les autres, qui leur obéissent facilement. Une fois la hiérarchie instaurée dans un troupeau, elle reste à peu près stable, chacun acceptant sa position.
- Si un nouveau cheval est introduit dans le groupe, tous viennent le flairer et faire connaissance, parfois avec des petits hennissements agressifs. Rapidement, le nouveau trouve sa place dans le groupe, au prix parfois de rixes impressionnantes, mais rarement dangereuses.
- Dès que l'un des chevaux t'aperçoit ou que quelque chose de nouveau se présente, il transmet aux autres des signaux qui les alertent, et tous lèvent la tête pour évaluer les risques de danger.
- Ne t'étonne pas si le cheval que tu connais bien et que tu montes habituellement te boude et rechigne à se laisser attraper : en étant libre dans sa pâture, il retrouve son instinct naturel de méfiance… c'est donc à toi de le rassurer !

ÉTHOLOGIE ÉQUINE ET BIEN-ÊTRE

- ***L'éthologie équine*** *est une science qui étudie les comportements des chevaux dans leur milieu naturel, afin de mieux comprendre leurs réactions.*
- *Prendre en compte le* ***bien-être*** *du cheval doit être une préoccupation importante pour tout « homme ou femme de cheval ». La qualité de vie des chevaux et des poneys doit être en harmonie avec leurs exigences biologiques.*

Dans le pré, c'est souvent un petit poney qui s'impose aux grands.

2 METTRE UN FILET ET LE RÉGLER

Au club, chaque cheval possède son propre filet (aussi appelé bridon), réglé à la taille de sa tête et dont le mors est adapté à sa bouche. Certains filets sont équipés d'une muserolle, d'autres pas. Voici comment mettre un filet à un cheval…

Mettre le filet

- Place le filet et les rênes sur ton épaule pour les transporter, avec le frontal vers l'avant. Ainsi, tu as les mains libres.
- Commence par défaire le licol et mets-le « encollier » autour de l'encolure si le cheval est attaché. Tu peux alors passer les rênes par-dessus l'encolure ou les laisser à ton bras. S'il y a une muserolle, vérifie qu'elle est bien ouverte.
- Si tu es suffisamment grand, prends la têtière avec la main droite pendant que ta main gauche met le mors dans la bouche du cheval, en soulevant le filet tenu par la têtière. Si tu es trop petit par rapport au cheval, tiens le filet au milieu des montants pendant que tu introduis le mors dans la bouche du cheval (voir encadré).
- Glisse ensuite délicatement les oreilles sous la têtière et sors le toupet par-dessus le frontal.
- Il reste à boucler la sous-gorge et la muserolle si le filet en est équipé.

CONSEILS DU MONITEUR

- Si le cheval rechigne à ouvrir la bouche, n'appuie pas le mors sur ses dents. Une astuce consiste à enfoncer le pouce de ta main gauche au niveau de la commissure des lèvres. À cet endroit, nommé barres, il n'y a pas de dents, donc tu ne risques rien en introduisant ton pouce.
- Si tu n'arrives pas à régler correctement le filet, demande de l'aide à ton moniteur.

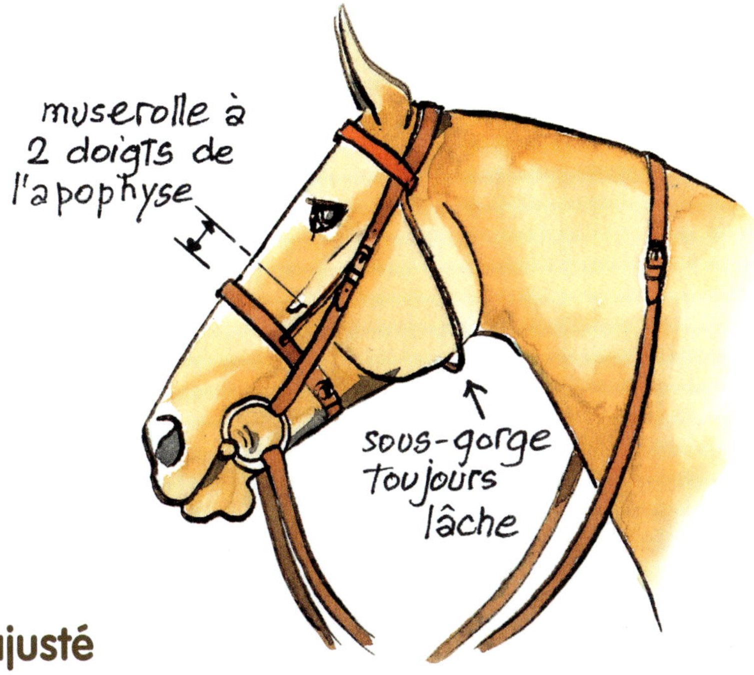

Un filet bien ajusté

Vérifie ensuite que le mors ne comprime pas les commissures des lèvres : il peut y avoir deux plis de peau à ce niveau, pas plus. Si le filet est trop long, le mors n'est pas en contact avec les commissures, et il n'agit pas correctement. Le réglage est obtenu en jouant sur la longueur des montants du filet.

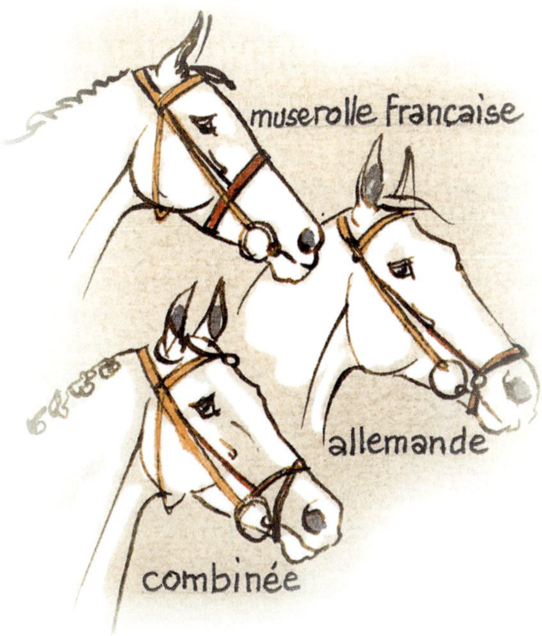

Mise en place de la muserolle

Il existe plusieurs modèles de muserolle, partie de la bride qui sert à limiter l'ouverture de la bouche du cheval.

- La muserolle française est mise sous les montants et placée à deux doigts de l'apophyse zygomatique.
- La muserolle allemande est bouclée en avant du mors.

Quel que soit le modèle, la muserolle ne doit pas être trop serrée pour ne pas gêner le cheval et le blesser.

2 EFFECTUER UN PANSAGE COMPLET AVEC ÉTRILLE, BOUCHON ET BROSSE DOUCE

Pour effectuer un pansage complet et soigné, tu dois utiliser les différents instruments de pansage dans un ordre donné : étrille, bouchon, brosse douce et cure-pied (l'action de ce dernier est étudiée pages 136-137). Si le cheval est en box, il est préférable de curer ses pieds à l'intérieur afin d'y laisser les galettes de fumier collées sous les sabots, plutôt que de salir la cour.

Si c'est possible, attache le cheval à l'extérieur pour le panser, pour être à l'abri des poussières et éviter de souiller la litière. Commence par le côté gauche, car le cheval en a l'habitude. Le pansage se fait toujours de l'avant vers l'arrière.

Décrotter avec l'étrille

Il existe suffisamment de modèles d'étrilles, plus ou moins dures et de tailles différentes, pour que l'une d'elles te convienne quelle que soit la taille de ta main.

Comme il t'a été expliqué en préparant le Galop 1, commence par passer l'étrille sur toutes les parties charnues du cheval (parties musculaires) ; évite par conséquent la tête, le passage de sangle et les parties osseuses, où tu pourrais blesser la peau. Effectue des mouvements tournants avec l'étrille et tape-la régulièrement sur le sol ou sur le bois du bouchon, tenu dans l'autre main, pour faire tomber la poussière qui s'y accumule. Insiste sur les parties salies par la litière. Le passage de l'étrille masse également le cheval ; si le tien est sensible, utilise plutôt un modèle en plastique ou passe directement au bouchon. Attention : certains chevaux chatouilleux ont tendance à mordre au contact de l'étrille.

Reste toujours sur le côté lorsque tu brosses l'arrière du cheval.

CONSEILS DU MONITEUR

- Les instruments de pansage doivent être adaptés à la taille de tes mains. Une dragonne t'aide à maintenir l'étrille et la brosse douce.
- Pour éviter la transmission d'éventuelles maladies de la peau entre les chevaux, il est préférable de personnaliser les instruments de pansage et de les laver de temps en temps. Nettoie les instruments de pansage avant de les ranger.

Brosser avec le bouchon

Passe ensuite le bouchon sur l'ensemble du corps pour enlever les poussières soulevées par l'étrille, sans oublier la tête et le passage de sangle. Il faut appuyer assez fort sur le bouchon pour nettoyer les poils jusqu'à leur base. Tu peux également t'en servir pour démêler la crinière, le toupet et la queue.

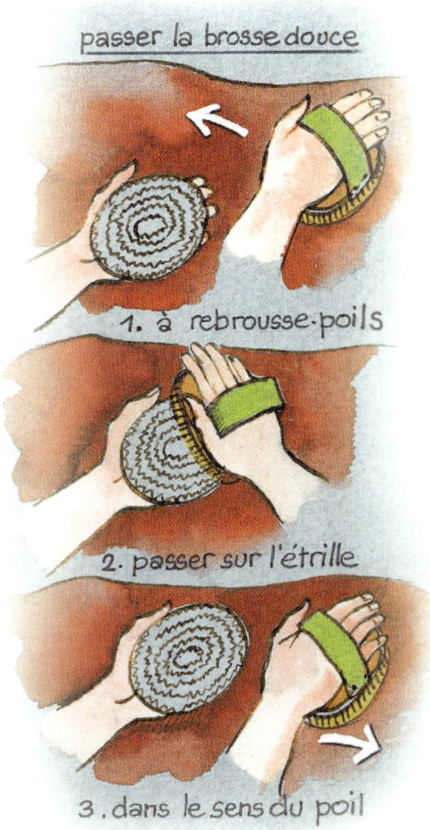

Finir avec la brosse douce

La brosse douce est ensuite passée sur l'ensemble du corps, pour compléter l'action du bouchon et lustrer le poil. Elle doit être passée de la façon suivante : un coup à rebrousse-poil pour décoller les poils et aller chercher la poussière jusqu'à leur base, et un coup dans le sens du poil pour le remettre à plat. De temps en temps, frotte la brosse sur l'étrille pour dégager les poussières qui s'y sont accumulées. Il est préférable de nettoyer la tête avec la brosse douce, surtout au niveau des yeux, qui doivent être brossés doucement du haut vers le bas, par-dessus les paupières. La crinière et la queue se démêlent à la main pour ne pas arracher les crins.

le pansage est une bonne école de confiance et de connaissance

2 > EFFECTUER UN PANSAGE COMPLET AVEC ÉTRILLE, BOUCHON ET BROSSE DOUCE

Récapitulatif

Ordre de passage	Instrument	Nom de l'instrument	Action	Comment procéder
1 Au début ou à la fin du pansage	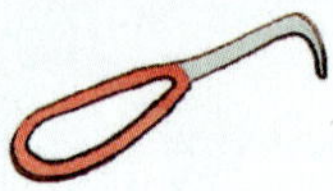	Cure-pied	Dégage les lacunes et la sole	Gratte doucement pour ne pas abîmer la sole
2		Étrille	Décrotte les parties charnues	Passe l'étrille avec des mouvements circulaires
3		Bouchon	Brosse l'ensemble du corps	Frotte énergiquement
4		Brosse douce	Enlève toutes les poussières	Frotte dans les deux sens pour nettoyer « en profondeur »
5	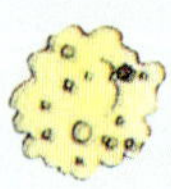	Éponge humide	Lave la sueur et les saletés	Passe l'éponge dans l'ordre indiqué dans le paragraphe « La finition » page ci-contre
6		Époussette	Lustre le poil	Passe l'époussette sur tout le corps

La finition

Tu peux terminer le pansage en lavant, avec une éponge douce et de l'eau claire, les coins des yeux, les naseaux, la bouche, le haut de la queue, l'anus, la vulve ou le fourreau. Ensuite, à l'aide d'un chiffon doux, appelé « époussette », tu peux lustrer le poil pour enlever toute trace de poussière, afin que ton cheval brille de mille feux !

Caisse ou sac de pansage

Le matériel de pansage est transporté dans un sac ou dans une caisse, sur laquelle tu peux monter pour atteindre les parties hautes du cheval.

CONSEILS DU MONITEUR

- Brosse la queue en la tenant avec la main gauche et en lâchant les mèches une à une pour les brosser. Si la queue est très boueuse, tu peux la laver en la plongeant dans un seau d'eau. Attention ensuite aux grands coups de queue, qui peuvent te cingler.
- Vérifie que tu as bien nettoyé la tête et la face intérieure des membres.

À SAVOIR

Pour ne pas perdre le cure-pied, une astuce consiste à y attacher une ficelle de couleur.

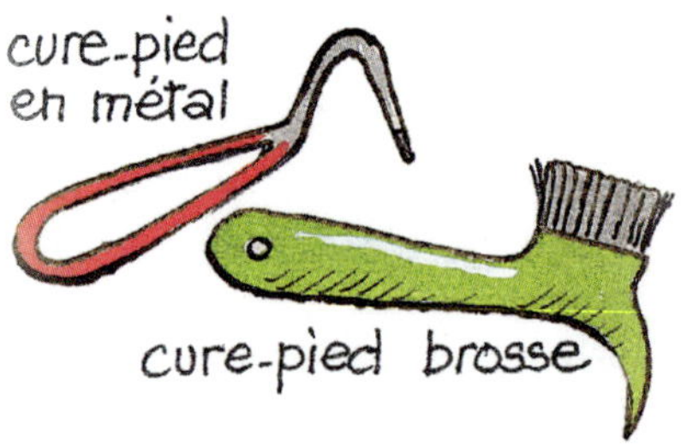

Le cure-pied est utilisé pour retirer tout ce qui est tassé sous les sabots. En curant les pieds, tu peux également vérifier que les fers sont solidement maintenus en place et qu'ils ne sont pas trop usés. Attention à ne pas gratter trop fort avec le cure-pied.

Soulever et curer un antérieur

On commence généralement à gauche, au niveau de l'antérieur, face à la croupe.

- Appuie ton épaule contre celle du cheval, glisse ta main gauche le long du membre et attrape le pied au niveau du boulet ou du paturon, sans forcer. Soulève-le en pliant l'articulation, sans cependant l'écarter sur le côté. Pour inciter le cheval à lever le pied, tu peux faire un appel de langue ou lui donner l'ordre vocal utilisé dans ton club (« Donne », « Pied »…).
- Maintiens ensuite fermement le pied en l'air.
- Avec le cure-pied dans la main droite, enlève tout ce qui est tassé sous le sabot. Commence par dégager les lacunes, qui sont les deux creux profonds de part et d'autre de la fourchette, en procédant de l'arrière vers l'avant. Ensuite, fais le tour de la sole avec le cure-pied, pour enlever tout ce qui y est accumulé. Tu peux nettoyer la sole avec la petite brosse du cure-pied.
- Lorsque le pied est curé, lâche doucement le sabot après avoir enlevé ton propre pied, situé dessous. Ne gratte pas trop avec le cure-pied pour ne pas abîmer la corne de la sole.

Fais de même de l'autre côté, en passant sous l'encolure du cheval.

Plus tard, tu cureras les quatre pieds en restant du même côté, généralement à gauche.

Soulever un postérieur

Il est plus délicat de soulever un postérieur, en raison du risque de se faire botter.

- Pour soulever le postérieur droit, place-toi sur le côté droit au niveau du membre et caresse l'arrière-main, puis glisse ta main droite le long de sa jambe et saisis le boulet ou le paturon, en plaçant la main du côté intérieur du pied.
- Tire légèrement le pied vers l'avant pour le décoller du sol. Soulève-le et recule-le suffisamment pour voir la sole, maintiens-le avec la main gauche.
- Ensuite, tu le cureras avec la main droite, comme pour un antérieur.
- Pour finir, lâche doucement le pied, en veillant à retirer le tien. N'oublie pas de caresser le cheval pour le remercier, afin qu'il te donne plus facilement les pieds la prochaine fois.

Sois toujours très prudent en curant les postérieurs du cheval.

Si tu es gaucher et non droitier, tu devras procéder à l'inverse de ce qui est expliqué dans le texte.

CONSEILS DU MONITEUR

- Si le cheval rechigne à donner ses pieds, pousse-le un peu sur le côté avec ton épaule pour l'inciter à déporter son poids sur l'autre membre. Tu peux également pincer légèrement le membre juste au-dessus du boulet.
- Si tu constates que la sole est blessée ou que le fer bouge, préviens le moniteur.

2 ATTACHER UN CHEVAL

Autant que possible, noue la longe à un anneau ou à une barre d'attache prévue à cet effet. Il faut savoir que les chevaux n'apprécient pas toujours d'être attachés et qu'ils peuvent essayer de se libérer brusquement en tirant au renard. Cela peut s'avérer dangereux pour eux et pour les personnes qui se trouvent derrière si la longe ou le licol se rompt.

Tu as déjà appris à faire le nœud d'attache en préparant ton Galop 1, il faut maintenant réviser les principales règles de sécurité dont tu dois tenir compte en fonction des situations.

Où attacher ?

Dans le club, noue la longe à un anneau ou à une barre d'attache. S'il n'y en a pas, attache-la à un endroit où tu pourras circuler librement autour du cheval : évite les endroits de passage ou ceux qui sont trop près d'un autre cheval, avec lequel il pourrait se chamailler. Dans la nature, il est préférable de nouer la longe à une branche souple, pour laisser un peu de liberté au cheval. Quel que soit l'endroit choisi, vérifie qu'aucun objet dangereux (ou plante toxique, que tu apprendras à identifier plus tard) ne se situe à sa portée. Ne l'attache pas non plus à un endroit qui n'est pas fixe ou pas suffisamment solide : brouette, poignée de porte, volet, etc.

Hauteur d'attache

La bonne hauteur d'un point d'attache est celle de l'anneau du licol lorsque le cheval est dans une attitude normale. Si ce point d'attache est trop bas, le cheval peut se prendre un pied dans la longe et se blesser gravement ; s'il est trop haut, il est difficile de nouer la longe. La hauteur moyenne idéale est de 1,30 m. En randonnée toutefois, le cheval est souvent attaché très haut à une branche souple, qui se plie pour le laisser brouter.

Longueur de longe

La bonne longueur d'attache correspond à environ la longueur de l'encolure du cheval ou à celle de ton bras. Si la longe est trop longue, le cheval peut se prendre un pied dedans ou passer la tête dessous. Si elle est trop courte, ce n'est pas confortable pour lui, ce qui l'incite à tirer pour se libérer. Il faut toujours utiliser le « nœud d'attache » (voir Galop 1 page 41) qui peut se défaire par une simple traction sur l'extrémité libre.

CONSEILS DU MONITEUR

- Une longe épaisse et souple blesse moins le cheval en cas de problème.
- S'il est attaché à un arbre, le cheval peut enrouler sa longe autour du tronc. Il faut dans ce cas disposer des bat-flanc de part et d'autre, pour le maintenir en place.
- Pour nourrir un cheval attaché, mets le seau juste au-dessous de l'anneau.

Le cheval attaché doit accepter de rester calme et immobile.

2 DISTRIBUER LES ALIMENTS

Pour que le cheval se rapproche le plus possible de son rythme naturel d'alimentation, il est nécessaire de multiplier les repas. En club, les animaux bénéficient d'au minimum trois repas quotidiens : matin, midi et soir. Tu en apprendras plus sur les aliments en préparant les Galops suivants.

Comment procéder

- Chaque cheval du club a en général une ration personnalisée, affichée sur la porte du box. Elle tient compte de son poids et de l'intensité de son travail. Toute modification alimentaire doit être très progressive. Certains vieux chevaux, par exemple, ont besoin d'une alimentation adaptée à leur état.
- La distribution a lieu à heures régulières, et tous les chevaux doivent être nourris en même temps pour éviter qu'ils ne s'excitent en attendant leur ration. La distribution des aliments se fait sous la responsabilité d'un adulte compétent.
- En entrant dans le box, ne te laisse pas bousculer et vide rapidement la ration dans la mangeoire. Ensuite, laisse le cheval tranquille, car il peut se montrer agressif s'il pense que tu veux lui chiper sa nourriture.
- Plusieurs chevaux nourris ensemble dans un paddock ou une pâture se querellent parfois au moment de la distribution de nourriture, les dominants chassant les autres, au risque de te bousculer. Laisse suffisamment de place entre les points de distribution, pour qu'ils ne puissent pas s'atteindre mutuellement.

la ration de chaque cheval est souvent inscrite sur la porte de son box

Ordre de distribution des aliments

Avant de nourrir un cheval, il faut l'abreuver, car il peut refuser de manger s'il a soif. Le foin est donné en premier, puis les aliments concentrés. Après les granulés et le foin, le cheval doit boire à nouveau, afin de compenser la perte de salive, utilisée pour transformer les aliments secs en pâte liquide. Le repas le plus important est donné le soir, car le cheval a toute la nuit pour le consommer.

CONSEILS DU MONITEUR

Dans une écurie, les chevaux sont tous nourris en même temps et à heures fixes, pour éviter qu'ils ne s'excitent. Lorsque tu rentres dans un box, vérifie que la mangeoire est vide et propre, car le cheval peut refuser de manger si une odeur ne lui convient pas. Vérifie également qu'il a de l'eau à sa disposition, car s'il a soif il risque fort de bouder sa ration.

À SAVOIR

En hiver, lorsque l'herbe ne pousse plus, un distributeur collectif permet aux chevaux en extérieur de consommer du foin à volonté. Les animaux qui travaillent régulièrement ont également besoin d'aliments concentrés (granulés, avoine, orge, etc.).

Ration en chiffres

À titre indicatif, voici un exemple de ration journalière (total des trois repas quotidiens) pour un cheval de taille moyenne qui se livre à un travail moyen :

- de 20 à 50 litres d'eau, voire plus en été ;
- 4 kilos de granulés ou de grains (environ 6,5 litres) ;
- 4 kilos de foin (entre le quart et le tiers d'un petit ballot) ;
- 4 kilos de paille pour la litière du box.

Abreuvement

Le cheval boit en moyenne 20 à 50 litres par jour, voire plus. La plupart des boxes sont actuellement équipés d'abreuvoirs automatiques, qui permettent aux chevaux de boire à leur guise. Il est cependant indispensable de vérifier régulièrement leur bon fonctionnement et leur propreté.

Une ration attendue avec impatience.

Un cheval est bien sellé lorsque la selle et la sangle sont à leur juste place, que le tapis est bien équilibré des deux côtés et ne fait pas de pli.

Puisque tu sais mettre un filet au cheval, il te reste à le seller. Les modèles de selle sont nombreux, mais la façon de seller est à peu près toujours la même. Voici comment procéder avec une selle classique.

- Le cheval doit être pansé et attaché au licol, et sa selle à proximité sur un porte-selle.
- Commence par vérifier que ton matériel est complet : selle, sangle et tapis de selle, auquel on ajoute parfois un amortisseur de dos. Remonte les étriers si ce n'est pas déjà fait et place la sangle sur la selle.
- Si le tapis n'est pas attaché à la selle, mets-le sur le dos du cheval, légèrement en avant de sa position normale, puis glisse-le un peu en arrière du garrot, en dégageant les épaules. Ainsi, les poils sont lissés sous le tapis.
- Pose la selle sur le tapis (ou l'ensemble tapis + selle) et passe de l'autre côté pour descendre la sangle de façon qu'elle ne tape pas sur le membre. Si le cheval bouge, calme-le pour qu'il ne fasse pas tomber la selle avant qu'elle ne soit sanglée.
- Réajuste éventuellement la position de la selle : elle est bien placée si la sangle qui pend librement se situe en face du passage de sangle, c'est-à-dire à un plat de main derrière les coudes (partie arrière du haut de l'antérieur).

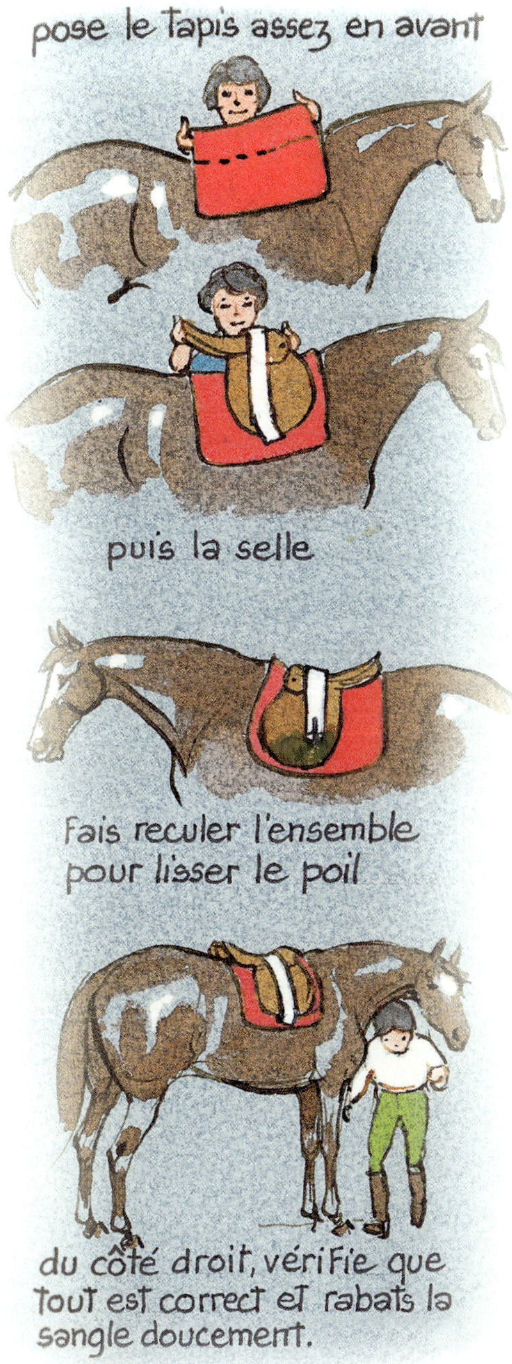

> SELLER UN CHEVAL

- En revenant à gauche, vérifie que le tapis est bien en place et qu'il dépasse légèrement sur l'avant de la selle. Avant de sangler, dégarrotte l'avant du tapis en le soulevant, pour éviter qu'il ne comprime le garrot.
- Sangle sans trop serrer, car le cheval se gonfle généralement à ce moment et il sera de toute façon nécessaire de ressangler avant de te mettre en selle.
- Pour éviter les plis de peau sous la sangle, tu peux tirer l'un après l'autre les antérieurs vers l'avant et vers le haut.

Dégarotte le tapis.

Dégage la sangle en tirant l'antérieur.

CONSEIL DU MONITEUR

Pour que le tapis conserve sa bonne position, enfile le premier contre-sanglon de la selle dans les deux pattes de fixation situées à l'avant du tapis. Si tu constates que le tapis a reculé, il est nécessaire de desseller et de resseller complètement, car un tapis qui a bougé ou qui fait des plis peut blesser le dos du cheval.

Le cuir est une matière vivante qui doit être entretenue régulièrement pour conserver sa souplesse. Une fois par semaine en général, les équipements en cuir sont nettoyés avec une petite éponge humide et du savon glycériné, beaucoup de savon et peu d'eau. Ensuite, le cuir est nourri avec un onguent gras ou contenant de la cire, pour l'assouplir. Évite l'excès de graisse, qui encrasse la surface.

Le mors

Un mors nettoyé régulièrement à l'eau claire ne nécessite pas d'entretien particulier. Si nécessaire, enlève avec une petite brosse ce qui a séché sur le mors. En lavant ce dernier, veille à ne pas mouiller les montants du filet.

La sangle et les protections

La sangle doit être brossée pour enlever les éléments abrasifs qui peuvent blesser le cheval. Les modèles en coton ou en synthétique doivent être lavés à l'eau savonneuse, puis rincés. La sangle en cuir est passée au savon glycériné, puis graissée. Après chaque utilisation, il faut sécher la sangle à plat pour éviter qu'elle ne se déforme et les boucles pour qu'elles ne rouillent pas.

Entretenir le tapis de selle

Le tapis de selle doit être brossé pour enlever les poils collés. Il faut le laver régulièrement, car un tapis raide peut blesser le dos du cheval.

Le filet

Il est préférable de démonter complètement le filet. Nettoie toutes les pièces avec du savon glycériné, puis graisse-les avant de remonter l'ensemble. C'est l'occasion de vérifier qu'il est en bon état.

La selle

Après avoir démonté la sangle et les étrivières, nettoie toutes les parties de la selle avec du savon glycériné en insistant sur les parties encrassées. Ensuite, passe un onguent gras sur toutes les parties qui ne sont pas en contact avec le cavalier. Le siège de la selle peut être enduit d'un produit cirant, qui ne salit pas la culotte du cavalier.

2 ENLEVER ET REMETTRE EN PLACE UNE COUVERTURE

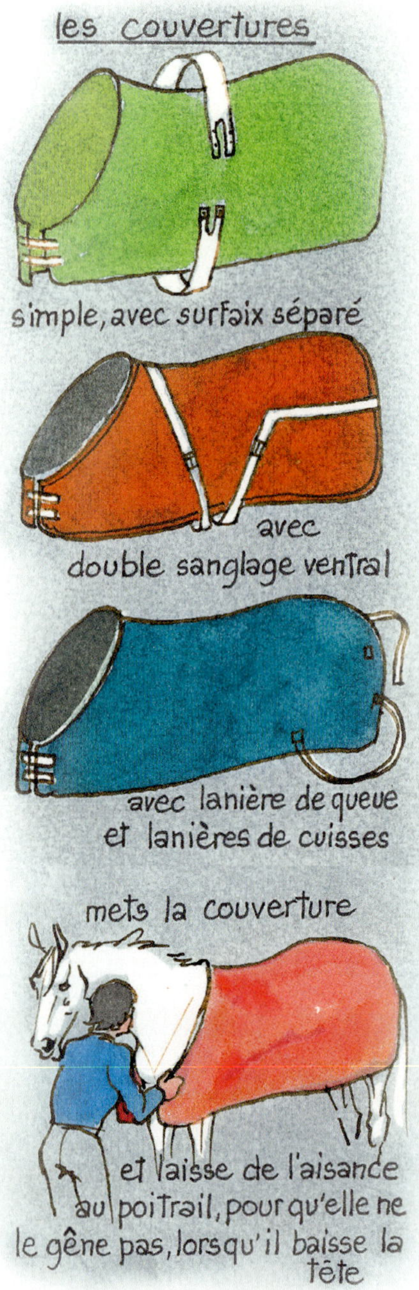

En hiver, le cheval se couvre naturellement d'une épaisse toison destinée à le protéger du froid et de la pluie. C'est le poil d'hiver, qui tombe au printemps pour laisser place au poil d'été, court et soyeux.

Avec son poil d'hiver, le cheval qui travaille transpire abondamment et a du mal à sécher ensuite, au risque de prendre froid. Les chevaux de sport sont donc généralement tondus : ainsi, leur pansage est simplifié et ils sèchent plus facilement. Il faut alors les protéger avec une couverture d'écurie. Lorsque le froid n'est pas rigoureux, on se contente d'une chemise, pour mettre le cheval qui a transpiré à l'abri des courants d'air.

Différents modèles de couverture

Les couvertures diffèrent surtout suivant leur épaisseur et le système de fixation, qui doit absolument éviter qu'elle ne tourne, même lorsque le cheval se roule. La plupart des modèles sont maintenus par des lanières au niveau du poitrail, de la queue et sous le ventre, et parfois avec un surfaix.

Que ce soit pour enlever ou pour remettre une couverture, il faut prévenir le cheval et procéder doucement, afin de ne pas l'inquiéter.

Certains modèles équipés de membranes imperméables et respirantes permettent de laisser la couverture au cheval en paddock pendant la journée.

CONSEIL DU MONITEUR

Après avoir mis la couverture en place, assure-toi qu'elle est bien équilibrée des deux côtés et qu'elle laisse suffisamment d'aise au cheval : tu dois pouvoir passer une main au niveau des épaules et du poitrail. Mal bouclée, la couverture peut tourner et blesser gravement le cheval, empêtré dedans.

Enlever une couverture

Lorsque tu vas seller le cheval au box, il arrive qu'il faille lui enlever sa couverture.

Commence par déboucler les sangles, puis plie la couverture deux ou trois fois sur le dos du cheval, en plaçant les sangles à l'intérieur.

Glisse ensuite la couverture sur le côté et replie-la, avant de la ranger dans la sellerie.

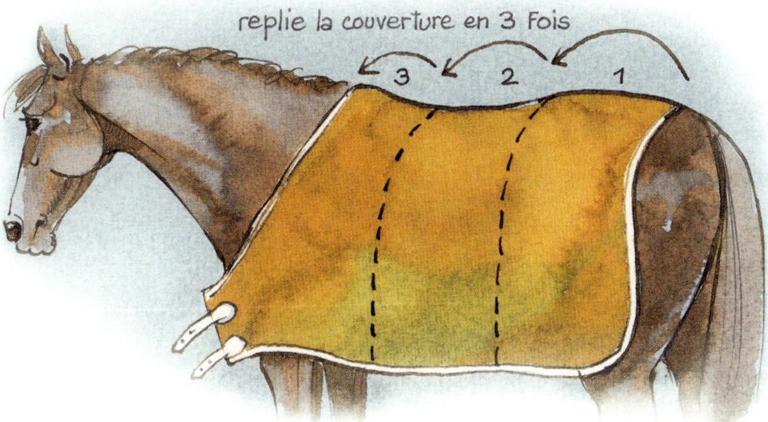

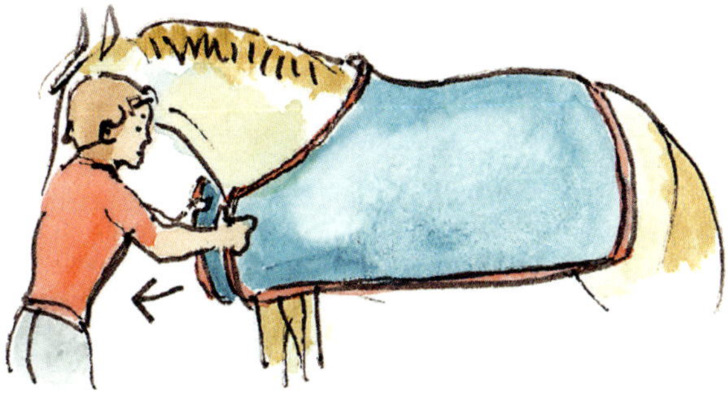

La couverture doit être lâche devant pour ne pas le gêner quand il baisse la tête.

Mettre une couverture en place

Si tu n'es pas suffisamment grand, il faut te faire aider pour mettre une couverture sur un cheval, un peu en avant de sa position normale, avant de la déplier.

Vérifie que la couture du milieu suit bien l'axe du dos et glisse-la à sa juste place, en te repérant au garrot.

Attache les sanglons du garrot, puis ceux du ventre. Si la couverture est maintenue par un surfaix, mets-le en place en arrière du garrot, sans le serrer.

2 FAIRE RECULER UN CHEVAL DE DEUX PAS AU MINIMUM

Il est important de savoir faire reculer le cheval bien droit, pour qu'il sorte du van en marche arrière, par exemple, ou simplement pour le faire reculer dans son box ou dans tout autre endroit. Le travail à pied est facilité lorsque le cheval est bridé. Les rênes peuvent alors être posées sur l'encolure.

CONSEIL DU MONITEUR

Agis toujours en douceur, mais avec fermeté. Il faut absolument éviter que le cheval lève la tête et creuse son dos. S'il se bloque, tu peux le faire avancer de deux pas et lui demander à nouveau de reculer. Plus tard, tu apprendras à tenir compte de la façon dont le cheval pose ses pieds (on parle du « poser » des pieds).

Pour inciter le cheval à reculer droit, place-le le long du pare-bottes. Mets-toi devant lui ou légèrement sur le côté, en tenant une rêne dans chaque main à une quinzaine de centimètres du mors. Avance vers lui pour l'inciter à reculer en lui donnant plusieurs fois et fermement l'ordre vocal « Recule ». Une légère traction sur les deux rênes l'incite à obéir. Dès qu'il recule d'un pas, cesse ton action un court instant et récompense-le, avant de lui demander un deuxième pas en arrière.

En reculant, le cheval doit conserver la nuque à hauteur du garrot, le chanfrein proche de la verticale. S'il lève la tête en creusant le dos, arrête immédiatement et recommence plus en douceur.

Une autre méthode consiste à se placer devant le cheval et à appuyer sur son poitrail avec le pouce ou le poing tout en lui donnant l'ordre vocal « Recule ». Appuie de plus en plus fort jusqu'à ce qu'il commence à reculer ; cesse alors immédiatement ton action et récompense-le. Ensuite, recommence jusqu'à ce que le cheval recule par simple contact avec la main, puis uniquement avec l'ordre vocal.

Pas de reculer en défense...

Appuie sur le poitrail avec le pouce ou les doigts repliés.

... mais dans l'acceptation, le calme et l'équilibre.

MENER UN CHEVAL SUR UN TRACÉ PRÉCIS ALTERNANT LIGNES DROITES ET COURBES DES DEUX CÔTÉS

2

En préparant le Galop 1, tu as appris à mener un cheval en main et au licol, en te plaçant au niveau de l'anneau du licol et à environ 60 centimètres de lui. Pour qu'il garde la tête libre, tu dois également tenir la longe à environ la longueur de ton bras du mousqueton.

Avant de mener le cheval en main sur un tracé précis, assure-toi que tu as toi-même bien mémorisé ce tracé, pour ne pas hésiter.

Le cheval suit généralement celui qui le mène ; en aucun cas, il ne doit te dépasser, car tu aurais ensuite du mal à le retenir. Pour l'empêcher de te dépasser, tu peux faire barrière, en agitant la cravache devant son nez, ou simplement en levant autoritairement la main.

Dans les lignes droites, reste à côté de lui en marchant bien droit, de sorte qu'il ne zigzague pas.

Ne coupe pas les courbes à gauche, et fais attention à ce qu'il ne te fasse pas de queue de poisson, au risque de te bousculer et de te marcher sur les pieds.

Les tournants à droite doivent être pris assez larges. Le cheval doit avancer un peu moins rapidement, car tu as plus de chemin à parcourir que lui.

CONSEIL DU MONITEUR

Si le cheval rechigne à avancer, incite-le avec des appels de langue ; surtout, ne tire pas sur la longe, car il tirerait vers l'arrière par réaction. Au début, un aide peut le suivre avec une cravache à la main, pour l'inciter à avancer. Progressivement, lorsque le cheval obéit, l'aide se fera de moins en moins présent.

Courbe à droite : le cheval fait moins de chemin que toi.

Courbe à gauche : le cheval fait plus de chemin que toi.

2 MENER UN CHEVAL EN MAIN AU TROT SUR QUELQUES FOULÉES

Au trot, le cheval est mené de la même manière qu'au pas. Pour faire trotter un sujet qui rechigne, fais de nombreux appels de langue pour capter son attention et mets-toi à courir. Une personne qui le suit avec une cravache à la main peut l'inciter à trotter, mais il est préférable de s'en passer. Laisse-lui la tête libre, sans tirer sur la longe.

Ne laisse pas le cheval accélérer, car il te serait difficile de le retenir, et ne tolère surtout pas qu'il te dépasse. Si tu n'arrives pas à le suivre au trot, fais-le ralentir jusqu'au pas, puis repars au petit trot.

CONSEIL DU MONITEUR

Dans les courbes à gauche, reste bien à distance du cheval et fais attention à ce qu'il ne se rapproche pas de toi, au risque de te marcher sur les pieds. Si tu as un stick, mets-le en barrière entre sa tête et la tienne, pour l'éloigner de toi. Dans les courbes à droite en revanche, tu dois régler ton allure sur la sienne, pour conserver ta place à côté de lui.

À L'ARRÊT, DÉPLACER LES ÉPAULES OU LES HANCHES D'UN PAS AU MINIMUM

2

Que ce soit pour déplacer les épaules ou les hanches du cheval, commence par le côté gauche, sur lequel tu seras certainement plus à l'aise. Il existe plusieurs manières d'obtenir ces déplacements. Voici la plus utilisée.

Déplacer les hanches

Place-toi à la hauteur de l'épaule gauche du cheval, ton regard dirigé vers sa hanche gauche.

Dans cet exercice, le cheval au licol ou au filet doit déplacer ses hanches vers la droite, autour de ses épaules, son encolure légèrement fléchie vers la gauche.

Tiens la longe ou la rêne gauche (les rênes étant posées sur l'encolure) dans la main gauche à environ 50 cm de la bouche du cheval. Ajuste-la pour que le cheval fléchisse légèrement son encolure.

À partir de là, voici comment obtenir un déplacement des hanches vers la droite.

- Si tu utilises un stick (une longue badine), tiens-le dans ta main droite et dirige-le vers sa hanche gauche. Il suffit généralement que le cheval le voie bouger pour qu'il déplace ses hanches, sans cependant avancer. S'il n'obéit pas, tu peux renforcer ta demande avec un appel de langue. Autre méthode : taper par terre avec le stick en faisant du bruit, sans toucher le cheval, tout en te rapprochant de sa hanche gauche. Dès que le cheval obéit, caresse-le pour le remercier.
- Si tu n'utilises pas de stick, tu peux l'inciter à déplacer ses hanches en appuyant, avec ton pouce, un peu en arrière de l'endroit où la jambe agit lorsque le cheval est monté. Tu le prépares ainsi à obéir à la jambe, pour déplacer ses hanches lorsqu'il sera monté.
- Fais de même de l'autre côté en inversant tes actions.

Les hanches pivotent.

CONSEIL DU MONITEUR

La plupart des chevaux obéissent mieux d'un côté que de l'autre. Pense bien à arrêter ton action dès que le cheval commence à obéir, et recommence ensuite en lui en demandant un peu plus. Tes actions doivent toujours être progressives et précises, en sachant bien d'avance ce que tu dois faire pour ne pas hésiter, au risque de faire douter le cheval de tes intentions.

Déplacer les épaules

Pour déplacer les épaules d'un cheval vers la droite autour de ses hanches, place-toi à sa gauche, à mi-encolure. Tiens les rênes ou la longe dans la main gauche et le stick horizontalement dans la main droite.

Pour favoriser le déplacement, tu peux effectuer une légère flexion latérale gauche, en attirant la tête dans ce sens.

Avance progressivement vers le cheval comme si tu voulais le contourner en poussant son épaule gauche avec la main droite (la main qui tient le stick). Il faut absolument éviter que le cheval ne recule ou que ses hanches ne dérapent.

Dès que le cheval obéit, cesse la pression et récompense-le avant de recommencer.

Si ses hanches ont tendance à déraper vers toi, tu peux immobiliser l'arrière-main en posant le stick contre sa hanche.

Fais de même de l'autre côté, en inversant tes actions.

Les épaules pivotent.

DÉPLACER LA TÊTE DU CHEVAL VERS LA DROITE ET VERS LA GAUCHE, VERS LE HAUT ET VERS LE BAS

2

Pour réussir de nombreux exercices à pied, il est nécessaire d'obtenir sans contrainte des flexions latérales du cheval, en déplaçant sa tête d'un côté et de l'autre.

Une demande d'obéissance sans brusquerie ni obligation de réussite immédiate.

Déplacer la tête latéralement

Les déplacements de la tête d'un côté ou de l'autre se nomment « flexions latérales » lorsque l'encolure est incurvée. Il est important que le cheval effectue cet exercice sans résistance alors que tu es à pied. Il peut être au licol, ou porter un filet avec les rênes placées sur l'encolure.

Pour déplacer la tête du côté gauche, place-toi de ce côté, un peu en avant de son épaule, et mets ta main droite sur son garrot. Au départ, la rêne gauche (ou la longe) est détendue.

Ajuste progressivement cette rêne (ou la longe) en pliant le bras gauche et conserve une traction légère sans bouger. Dès que le cheval cède et déplace sa tête, même très peu, détends la rêne et récompense-le.

Tu peux également placer ta main gauche sur le chanfrein et agir vers la gauche, pour l'inciter à déplacer sa tête sur le côté, sans cependant le forcer.

Recommence plusieurs fois, jusqu'à ce qu'il déplace sans contrainte sa tête sur le côté, en ployant légèrement son encolure. Attention à ne pas « casser l'encolure » par un pli exagéré.

Pour déplacer la tête du côté droit, procède de la même manière en inversant tes actions.

Il est important de récompenser le cheval de la voix dès qu'il exécute correctement l'exercice.

CONSEIL DU MONITEUR

Chaque fois que tu proposes un nouvel exercice à un cheval, demande-toi s'il a bien compris ce que tu attends de lui et recommence plusieurs fois pour t'assurer qu'il a bien enregistré l'exercice. Comme à chaque fois, une caresse l'incitera à obéir plus facilement par la suite.

2 > DÉPLACER LA TÊTE DU CHEVAL VERS LA DROITE ET VERS LA GAUCHE, VERS LE HAUT ET VERS LE BAS

Demande-lui de baisser la tête.

Déplacer la tête vers le haut et vers le bas

À travers cet exercice, tu dois prouver que tu es capable de faire déplacer sans contrainte la tête du cheval dans la direction recherchée. Cela sera utile pour reporter du poids sur l'arrière-main ou sur l'avant-main.

Faire baisser la tête

Tu peux faire baisser la tête d'un cheval nu (sans aucun harnachement) ou équipé d'un licol et d'une longe.

À un cheval nu

Lorsque tu approches un cheval en liberté, pose ta main droite sur sa nuque et l'autre sur son chanfrein pour lui demander de baisser sa tête, ce qui représente une manifestation de confiance de sa part. Cède dès qu'il baisse la tête, ne serait-ce que d'un centimètre. Remercie-le et recommence pour la lui faire baisser un peu plus. S'il ne le fait pas, tu peux lui pincer légèrement la nuque.

À un cheval au licol

Si le cheval porte un licol, place-toi légèrement sur le côté de sa tête et, tout en te baissant toi-même, tire doucement la longe vers le bas. Normalement, le cheval finit par baisser la tête. S'il la relève, maintiens la tension mais sans l'augmenter ni la diminuer. Dès qu'il obéit en baissant la tête, même légèrement, relâche immédiatement la tension en ouvrant les doigts. Ainsi, petit à petit, tu peux lui faire baisser la tête de plus en plus bas.

Il est très important de cesser l'action dès que le cheval obéit, mais de continuer jusqu'à ce qu'il cède. Prête donc une grande attention à ses réactions et agis au bon moment.

Dès que le cheval obéit à ta demande, relâche et caresse.

Faire lever la tête

Pour faire lever la tête à un cheval lorsqu'il l'a baissée, il suffit d'arrêter ton action. Inutile de lui faire lever la tête au-delà de la position normale.

Avant de te mettre à cheval, tu dois vérifier qu'il est bien sellé et bridé. Ensuite, ressangle-le et règle les étriers à la bonne longueur, comme cela t'a été demandé en préparant le Galop 1.

Régler les étriers

Descends l'étrier gauche et règle sa longueur en la comparant à celle de ton bras.

Fais de même à droite, puis place-toi devant le cheval et vérifie, en te baissant, que les deux étriers sont à la même hauteur.

Vérifier le sanglage

Avant de te mettre à cheval, vérifie le sanglage, pour éviter que la selle ne tourne lorsque tu vas peser sur l'étrier gauche.

Ensuite, mets-toi à cheval en t'asseyant doucement pour ne pas charger brusquement son dos, puis prends une rêne dans chaque main. Normalement, le cheval ne doit pas avoir bougé.

Si les étriers sont bien ajustés, il te reste à ressangler une dernière fois avant de faire travailler le cheval.

CONSEIL DU MONITEUR

Pour te mettre en selle quand tu es en promenade, place ton cheval à côté d'une pierre haute, qui te servira de montoir. À l'extérieur, tu peux utiliser le terrain à ton avantage : sens de la pente, pierre, talus, etc. Sache que les randonneurs apprennent à se mettre également en selle par la droite.

2 RESSANGLER TOUT SEUL EN ÉTANT EN SELLE

Pour être certain que la selle ne bouge pas, il est nécessaire de sangler encore une fois alors que tu es à cheval, comme tu l'as appris en préparant ton Galop 1.

Lorsque tu ressangles, fais attention à ne pas remettre l'ardillon dans le même trou.

Rappel

- Tiens les deux rênes dans la main droite ou passe-les au coude.
- Tout en conservant l'étrier chaussé (mais tu peux également le déchausser), avance la jambe gauche en avant du quartier de la selle.
- Soulève le quartier et maintiens-le.
- Saisis un contre-sanglon et tire dessus vers le haut pour dégager l'ardillon de la boucle de son trou. Pose l'index sur l'ardillon pour l'engager dans le trou suivant.
- Fais de même avec le deuxième contre-sanglon.
- Il peut être nécessaire de recommencer pour gagner un deuxième trou, voire plus.

CONSEILS DU MONITEUR

- N'avance pas ta jambe pour ressangler tant que tu n'es pas certain que le cheval reste immobile. En cas de doute, fais-le tenir par un aide.
- Si tu arrives au dernier trou du contre-sanglon, il est nécessaire de gagner un trou de l'autre côté.
- Certaines selles américaines ou de randonnée sont équipées d'un système de sanglage sans boucle, remplacé par un nœud particulier (nœud de cravate) fait avec une longue lanière sur l'anneau de la sangle.

Il est préférable de régler les étriers à la bonne longueur avant de te mettre en selle. Une fois à cheval, tu pourras les ajuster.

Régler les étriers à pied

La boucle de l'étrivière cachée par le petit quartier permet de régler sa longueur. Après avoir descendu l'étrier, compare la longueur de l'étrivière à celle de ton bras en plaçant ta main, doigts repliés (ou poing fermé), sous le petit quartier. Dégage ensuite la boucle pour régler l'étrivière de façon que le plancher de l'étrier arrive sous ton aisselle.

Fais de même de l'autre côté, puis vérifie que les étriers sont à la même hauteur en te plaçant devant le cheval.

Régler les étriers en étant à cheval

Après avoir réglé sommairement les étriers à pied, tu dois maintenant les ajuster en étant à cheval. Assieds-toi bien d'aplomb, jambes relâchées, étriers déchaussés. Pour monter confortablement, le plancher des étriers doit arriver au niveau de la cheville. Si ce n'est pas le cas, voici comment les régler.

- Conserve les rênes dans la main gauche ou, si tu as besoin de tes deux mains, passe-les à ton coude.
- Tu peux reculer ou avancer la jambe pour effectuer ce réglage. Dégage la boucle qui est cachée sous le petit quartier.
- Règle la longueur de l'étrivière en repérant de combien de trous tu l'as modifiée, de façon à appliquer la même correction à droite. Si tu n'y parviens pas encore bien, passe le bras dans les rênes et utilise les deux mains.
- Pour ramener la boucle sous le petit quartier, fais coulisser l'étrivière en tirant sur la partie qui est en contact avec le cheval.

CONSEIL DU MONITEUR

Pour juger si les étrivières sont bien réglées, avance de quelques pas car, à l'arrêt, le cheval lève souvent un postérieur, et ses hanches ne sont alors pas à la même hauteur.

C'est avec les aides que le cavalier communique avec son cheval. Elles lui permettent de le faire avancer, d'accélérer ou de passer à l'allure supérieure. L'assiette, les jambes et la voix sont des aides naturelles. La cravache est une aide artificielle.

L'assiette

Elle définit la qualité d'équilibre et de stabilité du cavalier en selle et permet d'influer sur l'orientation de son corps de deux manières : longitudinalement et latéralement.

- Une utilisation **longitudinale**, dans le sens de la longueur, fait avancer le cheval en influant sur son allure et sa vitesse. Par le jeu de son bassin, le cavalier peut simplement accompagner l'allure d'une façon neutre ou augmenter son amplitude. On parle alors d'assiette « impulsive ». En limitant les mouvements de son bassin, le cavalier incite le cheval à ralentir.
- Une utilisation **latérale**, en orientant l'action du bassin d'un côté ou de l'autre, indique au cheval une direction à suivre, en dirigeant son corps dans la direction souhaitée.

Les jambes

En agissant ensemble, elles indiquent au cheval d'avancer, d'accélérer dans une allure ou de passer à l'allure supérieure. C'est en pressant avec ses mollets sur les flancs du cheval que le cavalier dose plus ou moins son action. L'action des jambes doit cesser d'agir dès que le cheval répond à la demande.

La voix

Le cheval peut associer des ordres vocaux et des sons à certaines demandes de son cavalier. Les mots doivent être brefs, précis et d'une intonation plus ou moins autoritaire. Chaque mot prononcé doit correspondre à une demande précise. Le claquement de langue est généralement utilisé pour stimuler le cheval.

La cravache

Elle renforce l'action des jambes tout en étant utilisée très modérément, en prenant les deux rênes dans une main, l'autre tenant la cravache.

Que ce soit aux abords des écuries, dans le manège ou à l'extérieur, tu dois respecter les règles de la circulation à cheval. Voici les principales, qui s'ajoutent à celle déjà vues pages 98-99.

CONSEIL DU MONITEUR

La priorité à droite n'est pas appliquée dans tous les clubs. Certains préconisent la priorité à gauche, comme le stipule le nouveau règlement international, appliqué surtout dans les concours internationaux.

Dans les écuries

Que ce soit à pied ou à cheval, ne dépasse pas un autre cavalier sans le prévenir, et laisse toujours une distance de sécurité entre son cheval et toi.

Dans le manège ou la carrière

Pour éviter les collisions, n'entre pas dans le manège tant que le moniteur ne t'en a pas donné l'autorisation et assure-toi que la voie est libre.

Au début et à la fin d'une reprise, les cavaliers doivent se ranger les uns à côté des autres sur la ligne du milieu, en laissant une largeur de cheval de chaque côté. Ils restent ensuite à l'arrêt tant que le moniteur ne les invite pas à prendre la piste.

Lorsque vous êtes plusieurs dans le manège, il faut respecter les priorités que tu as apprises au Galop 1, mais surtout te conformer aux usages de ton club !

Si un cavalier exécute une figure, le bon usage veut que ceux qui sont sur la piste le laissent terminer.

En reprise, quand toi et tes camarades êtes l'un derrière l'autre, conserve une longueur de cheval entre le tien et celui qui te précède. Ne dépasse pas sans prévenir et sans demander l'autorisation du cavalier qui est devant toi.

À l'extérieur, le cavalier et son cheval sont assimilés à un véhicule et doivent respecter le code de la route.

À l'extérieur

Sur la voie publique, le cheval est assimilé à un véhicule et doit donc respecter les règles du code de la route : feux de signalisation, stops, marche à droite, priorité à droite, etc.

Évite les contacts avec les autres chevaux et ne dépasse pas sans avoir l'autorisation du cavalier que tu suis.

Lors de la traversée d'une route, obéis bien aux ordres de ton moniteur pour traverser tous ensemble.

Sur un chemin, il faut se remettre au pas lorsque tu rencontres un piéton. Salue-le et ne t'en approche pas, pour des raisons de sécurité.

La nuit, il faut porter un gilet réfléchissant pour être vu ou, mieux, une lampe de poche adaptée et attachée à l'étrier gauche : blanc à l'avant et rouge à l'arrière.

En extérieur, ne dépasse pas sans prévenir.

LÂCHER, REPRENDRE ET AJUSTER LES RÊNES AU TROT ENLEVÉ

Ne lâche jamais les rênes si tu n'es pas certain de ton cheval, car il pourrait en profiter pour te désobéir. De plus, elles risquent de passer par-dessus la tête du cheval, qui peut ensuite marcher dessus.

Entraîne-toi déjà, à l'arrêt ou au pas, à les passer d'une main dans l'autre, car tu en auras besoin pour attraper un objet par exemple, lors d'un jeu d'adresse, etc.

Les croquis indiquent que les rênes ne sont pas tenues de la même manière dans la main droite et dans la main gauche. Dans la main droite, le flot des rênes sort vers le bas, alors que dans la gauche il sort vers le haut.

Pour saisir les rênes lorsqu'elles sont posées sur l'encolure, mets chaque main à plat sur une rêne et saisis-la en refermant tes doigts. Mets ensuite tes mains dans la position normale, c'est-à-dire pouces au-dessus et ongles des autres doigts se faisant face. Ainsi, tu les tiens correctement : elles passent sous le petit doigt et ressortent du côté du pouce, le flot tombant à droite.

Vérifie que les rênes sont bien à plat contre l'encolure, qu'elles ne sont pas entortillées, avant de les ajuster.

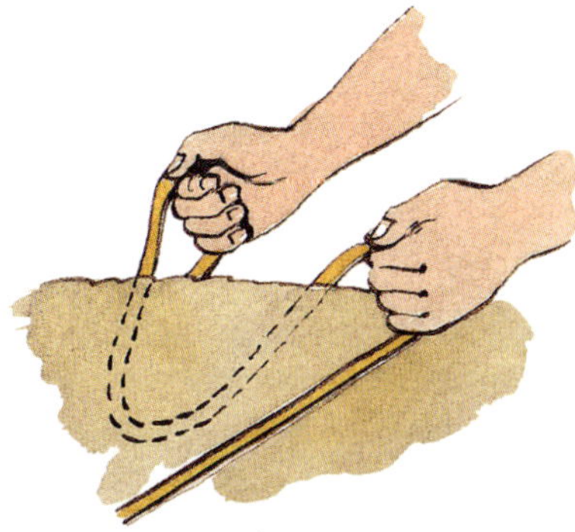

Une rêne dans chaque main.

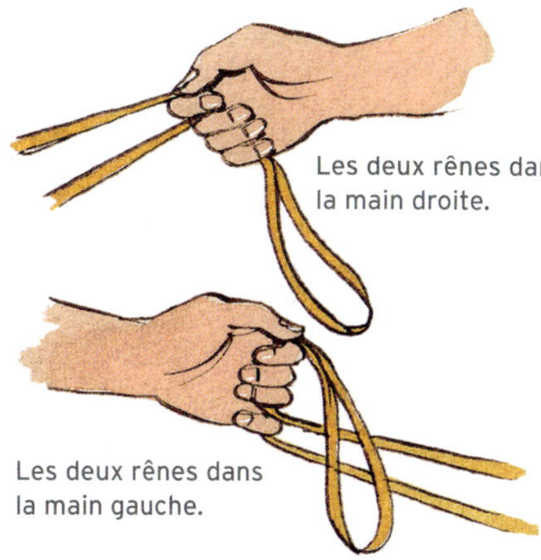

Les deux rênes dans la main droite.

Les deux rênes dans la main gauche.

Comment ajuster les rênes

Pour avoir un bon contact avec la bouche du cheval, les rênes doivent être ajustées, c'est-à-dire juste tendues, en évitant tout mouvement involontaire des mains. Tu peux les ajuster l'une après l'autre, pour ne pas les lâcher en même temps. Pour conserver les mains fixes, pose-les sur l'encolure lorsque tu es au trot. Cela évite des mouvements involontaires.

Pendant toutes ces opérations, tu dois conserver un trot enlevé souple, en gardant le buste droit, sans te lever excessivement au-dessus de la selle et sans retomber lourdement en arrière ni te raccrocher aux rênes.

Les avant-bras sont dans le prolongement des rênes.

CONSEIL DU MONITEUR

Lorsque tu tiens des rênes ajustées, tes bras tombent librement le long de ton buste, ce qui place naturellement tes coudes au-dessus de tes hanches. Les articulations des coudes et des épaules peuvent alors jouer librement, en évitant les mouvements involontaires des avant-bras.

2 TROTTER ASSIS AVEC UNE BONNE POSTURE

CONSEILS DU MONITEUR

- Tu remarqueras que certains chevaux sont beaucoup plus confortables au trot que d'autres.
- Lorsque tu déchausses les étriers, remonte-les et croise-les au niveau du garrot, pour qu'ils ne tapent pas sur tes pieds ou contre les flancs du cheval.

C'est grâce à la souplesse des reins et à une bonne position que tu pourras accompagner les mouvements saccadés du dos d'un cheval au trot.

Les saccades du trot et la sensation de rebondir sur la selle sont ressenties lorsque le dos du cheval heurte les fesses du cavalier en remontant, surtout si ce dernier est crispé. Pour mieux absorber les chocs du trot assis, il est préférable de déchausser les étriers. Assieds-toi bien en avant sur la selle, d'aplomb sur les deux fesses, et penche-toi légèrement en arrière, en avançant le bassin tout en laissant les reins jouer librement. Les épaules sont légèrement rejetées en arrière.

Les jambes tombent naturellement, pointe des pieds relâchées, lorsque les étriers sont déchaussés.

Entraîne-toi à trotter assis sans étriers pour améliorer ton assiette. Commence par un trot lent, plus facile à amortir que le trot rapide. Trotter assis n'est pas facile au début, mais c'est le prix à payer pour acquérir une bonne assiette.

GALOPER ASSIS AVEC UNE BONNE POSTURE

2

Le galop est plus agréable que le trot, car le mouvement du cheval est plus facile à absorber, à condition d'accompagner la bascule du dos du cheval avec ton bassin et le jeu de tes articulations. Pour bien sentir cette allure, il est préférable de galoper assis, sans étriers, et même sans selle lorsque tu seras à l'aise à cheval.

Pour galoper dans la bonne posture, rallonge un peu les rênes pour pouvoir accompagner les mouvements de l'encolure du cheval, reste bien assis sur tes deux fesses, le plus en avant possible sur la selle, et conserve tes mollets en contact en « jambes bien descendues et enveloppantes ».

Ton buste est droit, voire légèrement penché en arrière, les reins souples et décontractés. Regarde loin, et n'arrondis pas le dos. Tout en restant attentif à ton cheval, décontracte toi pour accompagner les mouvements de bascule du galop, pendant que tes mains suivent ceux de l'encolure.

Lorsque le cheval est calé dans un galop régulier, tu dois sentir la bascule de son dos sans décoller de la selle. On dit que le cavalier doit « cirer sa selle ».

Efforce-toi de garder une allure régulière, toujours avec une main légère...

CONSEIL DU MONITEUR

Lorsque le cheval est au galop, garde-le sur la piste en raccourcissant légèrement la rêne extérieure : main droite si tu es piste à main gauche en tournant dans ce sens. Fais bien attention à accompagner les mouvements de l'encolure avec tes mains, sans donner d'à-coups sur la bouche du cheval.

2 ALTERNER L'ÉQUILIBRE ASSIS ET EN APPUI SUR LES ÉTRIERS, AU PAS, AU TROT ET AU GALOP

Quelle que soit l'allure du cheval, tu dois pouvoir passer de la position assise à la position en équilibre sur les étriers tout en restant en harmonie avec les mouvements du cheval. Alterner équilibre assis et équilibre sur les étriers t'aidera à être à l'aise avec et sans étriers.

Au pas

Au pas, tu dois normalement rester constamment assis, mais lors de jeux, par exemple, tu peux avoir à te mettre en équilibre. Pour pouvoir te soulever au-dessus de la selle, tes jambes doivent être en place et ton buste légèrement s'incliner en avant.

CONSEIL DU MONITEUR

Pour perfectionner ton assiette, il est bon régulièrement de déchausser les étriers. Il est bénéfique également de s'entraîner à les déchausser et à les rechausser alors que le cheval est en mouvement.

Au trot

Commence par rester quelques foulées au petit trot assis, puis adopte la position nécessaire pour te mettre souplement en équilibre lorsque le cheval accélère : jambes au-dessus de tes pieds, buste légèrement incliné vers l'avant. Inversement, pour repasser du trot enlevé au trot assis, redresse ton buste en rallongeant un peu les rênes et ralentis le cheval. Ne t'appuie plus sur les étriers et accompagne le mouvement du trot avec ton bassin.

Grosse difficulté pour te mettre en suspension si tes jambes sont en avant.

Au galop

Pour le cavalier, il y a deux manières de galoper :

- assis en contact avec le cheval, fesses accompagnant le mouvement du galop, buste d'aplomb, sans s'appuyer sur les étriers ;
- en se mettant en équilibre au-dessus des étriers (c'est le galop en équilibre).

Dans les deux manières, les mains accompagnent les mouvements de l'encolure.

Pour passer du galop assis au galop en équilibre, il faut, comme pour le trot enlevé, avoir les jambes en place et incliner le buste légèrement en avant. Les mains peuvent prendre appui sur l'encolure. Le bassin et les articulations accompagnent les mouvements du cheval, tout comme les mains.

CONSEIL DU MONITEUR

Habitue-toi à passer d'une position assise à une position en équilibre, et inversement. Au début, pour ne pas retomber lourdement dans la selle à partir d'une position en équilibre, tu peux saisir une grosse poignée de crins. Pendant ces exercices, ne te raccroche pas aux rênes, mais conserve les mains fixes avec la même tension sur les rênes.

2 PARTIR AU GALOP ET MAINTENIR CETTE ALLURE

Il y a plusieurs manières de mettre ton cheval au galop, généralement à partir du trot assis. Chaque enseignant a sa technique, et tout dépend également de la générosité du cheval, mais tu ne dois plus avoir besoin de te tenir au pommeau au niveau du Galop 2. Sache que le cheval se met plus facilement au galop dans un tournant. Lorsque tu es au trot, ne laisse pas le cheval se caler dans un trot allongé rapide. Dans ce cas, ralentis au petit trot et recommence, en étant plus autoritaire avec tes jambes.

au manège,
un galop Tranquille en individuel

Voici comment procéder pour effectuer un départ au galop « par perte d'équilibre » :

- tout en étant au petit trot, piste à main droite par exemple, écarte légèrement la main extérieure (gauche) pour attirer le bout du nez du cheval vers le pare-bottes, afin d'inciter ta monture à rester sur la piste ;
- le haut du corps bien d'aplomb, agis fermement avec tes jambes à l'entrée d'un tournant.

Dès que le cheval prend le galop, accompagne les mouvements de l'encolure avec tes mains et suis les mouvements de bascule avec le jeu de ton rein.

Tu dois rester vigilant, de façon que tes jambes soient prêtes à agir si le cheval cherche à repasser au trot.

À SAVOIR

Le cheval ci-dessus est au galop à main gauche.

> PARTIR AU GALOP ET MAINTENIR CETTE ALLURE

Un départ au galop à droite, facilité par l'entrée dans un angle.

CONSEIL DU MONITEUR

Les chevaux d'instruction ont la faculté de repérer les cavaliers peu expérimentés, car leurs actions manquent encore de précision et de fermeté. Le résultat est assez approximatif – tracé imprécis, changements d'allure laborieux, etc. –, mais tout s'arrange avec du temps et de la persévérance. Si le cheval rechigne à partir au galop, tu peux t'aider d'une cravache. Une petite tape sur l'épaule renforcera ton autorité.

Premier temps de galop.

Phase de suspension.

2 CHANGER D'ALLURE SUR DES TRANSITIONS SIMPLES ET PROGRESSIVES DE L'ARRÊT JUSQU'AU GALOP

Passer du galop au trot est une transition descendante, comme passer du trot au pas et du pas à l'arrêt. Inversement, passer de l'arrêt au pas est une transition montante, de même que passer du pas au trot ou du trot au galop. Quelles que soient les transitions, tu dois conserver ton équilibre au-dessus de tes pieds, avec les rênes ajustées.

EXPRESSIONS DE CAVALIERS

- *En équitation tu entendras souvent parler d'**impulsion**. Cette qualité du cheval se manifeste par le désir de se porter énergiquement en avant à la moindre indication du cavalier.*
- *Un cheval **« dans l'impulsion »** utilise principalement la puissance de ses postérieurs.*
- *Sans une bonne impulsion, le cheval manque d'énergie, quelle que soit son utilisation.*

Transitions descendantes

Pour passer à l'allure inférieure, tu dois reprendre le fond de la selle et redresser le buste, épaules en arrière et jambes au contact. Soutiens les poignets et agis de façon discontinue jusqu'à ce que le cheval passe à l'allure inférieure. Si le cheval se met au grand trot, tu peux conserver le trot enlevé, le temps nécessaire pour le ralentir. Lorsque le cheval est à l'arrêt, récompense-le de la voix et laisse-le étendre son encolure.

Transitions montantes

À partir du pas, rênes ajustées, ferme tes jambes pour passer à l'allure supérieure. Reste quelque temps dans cette allure en corrigeant ta position, avant de passer à l'allure supérieure, en veillant toujours à utiliser des actions graduées des jambes et à avoir des rênes ajustées qui accompagnent les mouvements de l'encolure.

Progressivement, tu peux t'entraîner à changer d'allure à des points précis, en face de certaines lettres par exemple.

Passage du trot au galop : actions des jambes et mains légères.

DIRIGER UN CHEVAL AU PAS ET AU TROT SUR UN TRACÉ DÉFINI : CERCLES, VOLTES, DIAGONALES ET DOUBLERS

2

En exécutant des figures de manège, tu apprends à diriger le cheval avec précision et à gérer son impulsion. Si tu es au trot, tu peux conserver le trot enlevé sur la piste, mais les figures sont normalement exécutées au trot assis.

EXPRESSIONS DE CAVALIERS

- *Un cercle n'a pas de diamètre défini.*
- *Une volte a un diamètre de 10 mètres.*

Cercle et volte

Le cercle n'a pas de diamètre défini au départ, alors que celui de la volte est de 10 mètres, c'est-à-dire la moitié d'un manège classique de 20 mètres de largeur.

Encadre bien le cheval entre tes jambes et veille à ce que les rênes soient ajustées, pour que ta monture soit attentive et qu'elle se sente dirigée. Pour réussir une volte bien ronde à partir de la piste, commence à tourner au niveau d'une lettre du manège, qui te servira de repère pour le début et la fin de la volte. Regarde vers l'intérieur du cercle, fixe un point correspondant au centre de ce dernier et veille à rester à la même distance de ce point tout au long de la volte. Arrivé au milieu du manège, repère déjà la lettre de départ, pour terminer ta volte juste en face. Ensuite, reprends la piste.

2 > DIRIGER UN CHEVAL AU PAS ET AU TROT SUR UN TRACÉ DÉFINI : CERCLES, VOLTES, DIAGONALES ET DOUBLERS

Diagonale

La diagonale permet de changer de main. Commence-la au début d'un grand côté du manège, juste après le coin, et rejoint l'autre grand côté, un peu avant le coin, en traversant le manège dans la diagonale. Prends un repère visuel fixe de façon à tracer une diagonale bien droite pour changer de main.

Doubler

Doubler dans la largeur consiste à traverser le manège en ligne droite, depuis un grand côté jusqu'à l'autre, en suivant une perpendiculaire. Tu peux te repérer aux lettres placées l'une en face de l'autre. Le doubler se décompose en trois temps :

- Quitte la piste avec un quart de tour (tourner serré).
- En suivant une perpendiculaire au grand côté, rejoins la piste opposée.
- Arrivé de l'autre côté, reprends la piste avec un tourner serré, sans changer de main, sauf si le moniteur te le demande. Juste avant d'arriver à la piste, préviens le cheval par une action discrète des mains, pour qu'il sache dans quel sens tourner.

Le doubler dans la longueur est généralement exécuté sur la ligne du milieu.

CONSEILS DU MONITEUR

- Tu dois bien connaître les figures avant de les exécuter, car il n'est pas question d'hésiter : le cheval doit être conduit d'une façon précise. Sois attentif avec tes jambes, car il peut avoir tendance à ralentir en exécutant des figures.
- Il existe d'autres figures de manège, que tu apprendras en préparant les Galops suivants. Pendant que tu exécutes une figure, pense à conserver l'impulsion de ton cheval, car il a tendance à ralentir dans les tournants.

SAUTER UN PETIT OBSTACLE SUR LA PISTE AU TROT ET AU GALOP

2

Pour franchir harmonieusement des obstacles, tu dois adopter une position en équilibre assez près de la selle, en regardant au loin, avec les talons bas et le buste incliné vers l'avant.

Quelle que soit l'allure, sois prêt à agir promptement avec les jambes pour éviter que le cheval refuse de sauter, tout en l'encadrant dans le couloir des rênes pour qu'il ne se dérobe pas. Ne le laisse pas accélérer brusquement en « prenant la main », car tu perdrais toute autorité sur lui. Si tu as une cravache, tiens-la du côté intérieur lorsque l'obstacle est disposé contre le bord du manège.

Ton regard doit être dirigé sur le milieu de l'obstacle. Ce dernier est abordé au milieu et perpendiculairement. La souplesse de tes articulations te permettra de suivre les mouvements du cheval et d'amortir la réception.

Après l'obstacle, conserve ta trajectoire et ton allure pendant quelques foulées, avant de ralentir si nécessaire.

CONSEIL DU MONITEUR

Évite absolument de rester accroché aux rênes pendant le saut, pour ne pas tirer sur la bouche du cheval. Pour t'aider à conserver ton équilibre, tu peux tenir fermement une poignée de crins, ou un collier d'encolure. Sur un parcours d'obstacles, le fanion rouge est à droite et le blanc à gauche dans le sens du franchissement.

Les trois phases du saut

1. L'abord et la battue d'appel des postérieurs. En équilibre sur ses étriers, le cavalier conduit son cheval au milieu de l'obstacle. Il regarde loin, sans faire le dos rond, et conserve son allure tout en maintenant l'impulsion. Si tu crains de rester accroché aux rênes, tu peux saisir fermement une poignée de crins.

2. Le franchissement avec le planer. Une foulée avant l'obstacle, le cheval engage ses postérieurs et élève son avant-main tout en étendant son encolure, qu'il ne faut surtout pas bloquer avec des rênes trop courtes. Le cavalier est en équilibre sur ses étriers, les articulations inférieures vont amortir souplement le saut. Il ne faut surtout pas rester « accroché aux rênes », mais accompagner les mouvements de l'encolure.

3. La réception sur les antérieurs. Elle fait suite au planer. En position d'équilibre, le cavalier se redresse légèrement en se rapprochant de la selle, puis reprend son allure de départ. Une caresse récompense alors la bonne volonté du cheval.

1 L'abord et la battue d'appel des postérieurs

2 Le franchissement avec le planer

3 La réception sur les antérieurs

Manège ou carrière ? Le manège où évoluent les cavaliers est situé à l'intérieur, alors que la carrière se situe dehors.

- Le **manège** classique mesure 60 mètres par 20 mètres, mais il en existe de plus petits de 40 mètres par 20 mètres, voire moins pour les poneys.
- Les **lettres** disposées sur les côtés permettent aux cavaliers de se repérer et te seront utiles pour effectuer les figures de manège à des endroits précis. Elles sont identiques dans tous les manèges.
- La **piste** longe le pourtour du manège. Lorsque deux cavaliers se croisent, l'un d'eux se déporte sur une **piste intérieure**.
- Un cavalier est **piste à main droite**, lorsque sa main droite se situe vers l'intérieur du manège.
- Inversement, un cavalier **piste à main gauche** a sa main gauche vers l'intérieur du manège.
- La **ligne du milieu** se situe au milieu de la longueur, entre les lettres A et C. Son milieu est marqué par la lettre X.

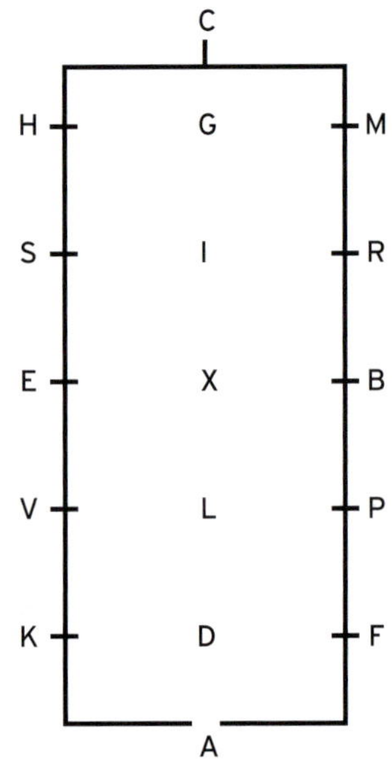

Les lettres qui servent de repères

Les figures de manège

Ce sont des tracés géométriques codifiés. Elles peuvent être exécutées **individuellement** ou **successivement** (en se suivant). Certaines figures permettent de **changer de main**. Les **reprises de dressage** sont formées par un enchaînement de figures.

- **Cercle et volte** doivent être parfaitement arrondis. Le diamètre de la **volte** étant généralement de 10 mètres (moitié du manège), mais d'autres cercles peuvent avoir des diamètres différents.
- Le **doubler** peut être effectué dans la **largeur** ou dans la **longueur**, avec ou non un **changement de main** à son extrémité. Le tracé du doubler est généralement aligné entre deux lettres.
- La **serpentine** est une succession de courbes régulières, exécutée généralement sur toute la longueur du manège.

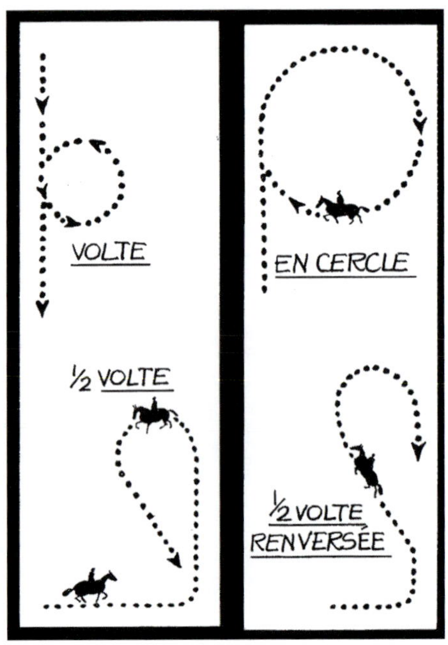

- Le **8 de chiffre** correspond à deux voltes accolées, tout comme les deux arrondis du chiffre 8.
- La **diagonale** traverse en ligne droite le manège d'un coin vers le côté opposé. Elle démarre juste après avoir passé le coin et permet de changer de main.
- La **demi-volte** débute par un demi-cercle et rejoint la piste sur une oblique, en faisant changer le cavalier de main.
- La **demi-volte renversée** débute par une oblique et rejoint la piste par un demi-cercle, en faisant également changer le cavalier de main.

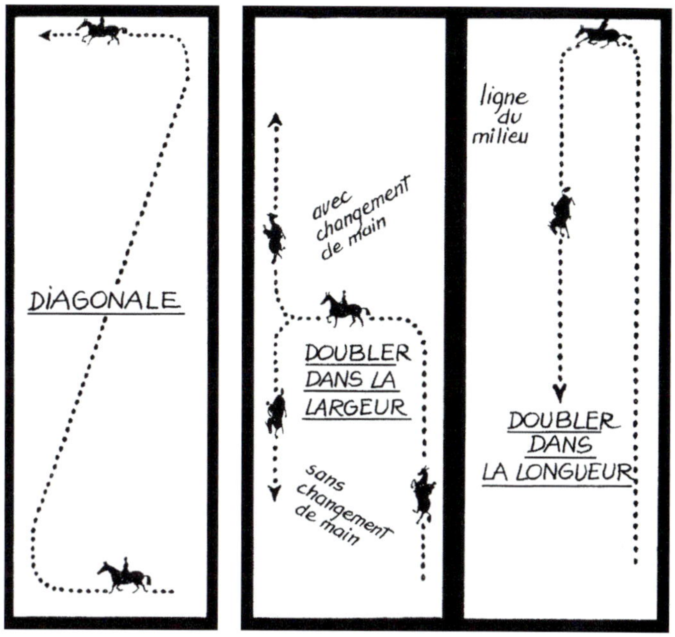

La priorité

Lorsque plusieurs cavaliers se croisent à allure égale dans un manège, celui qui est à main gauche a la priorité. L'autre doit alors se décaler sur une piste intérieure. A également la priorité le cavalier qui évolue à l'allure la plus rapide.

Quelle que soit l'allure, suis toujours avec précision les figures que tu exécutes.

CONSEIL DU MONITEUR

Pour exécuter une volte bien ronde en face d'une lettre précise, prépare ton cheval juste avant de passer devant la lettre. Tourne ensuite progressivement en veillant à conserver le même diamètre et rejoins la piste au niveau de la lettre. Pendant que tu exécutes des lignes droites, encadre bien ton cheval dans le couloir des rênes et entre tes jambes, pour éviter qu'il ne zigzague.

1 Sais-tu comment procéder pour régler les étriers tout en étant à cheval ?

A ○ Commencer par dégager la boucle de l'étrivière.

B ○ Défaire complètement la boucle de l'étrivière.

C ○ Mettre pied à terre.

D ○ Remonter la boucle sous le petit quartier après avoir réglé l'étrivière.

E ○ Lâcher complètement les rênes pour régler les étriers.

2 Que faut-il faire pour ressangler tout en étant à cheval ?

A ○ Lâcher complètement les rênes.

B ○ Garder les rênes ajustées dans la main droite.

C ○ Reculer la jambe gauche.

D ○ Avancer la jambe gauche.

E ○ Déboucler complètement les contre-sanglons.

3 Pour remettre au pas un cheval qui est au trot, il faut :

- A ❍ Se pencher fortement en avant.
- B ❍ Tirer fort sur les rênes.
- C ❍ Redresser le buste.
- D ❍ Soutenir les poignets, les rênes étant ajustées.
- E ❍ Avancer les jambes.
- F ❍ Conserver les mollets en contact sans les serrer.

4 Pour rechercher son équilibre au trot sur les étriers, il faut :

- A ❍ Faire le dos rond et se pencher en avant.
- B ❍ Incliner légèrement le buste en avant en gardant le dos plat.
- C ❍ Ne pas regarder par terre.
- D ❍ Garder les talons bas.
- E ❍ Avancer les jambes.

Réponses p. 190

5 Que faut-il faire pour passer à l'allure supérieure ?

A ◯ Garder le cheval sur la piste.

B ◯ Agir progressivement avec les mollets.

C ◯ Laisser filer les rênes dès que le cheval accélère.

D ◯ Profiter d'un tournant pour partir au galop.

E ◯ Frapper violemment le cheval avec la cravache.

6 Pour conduire avec précision un cheval, il faut :

A ◯ Avoir les rênes ajustées.

B ◯ Tirer fort sur une rêne pour surprendre le cheval.

C ◯ Prendre un point de repère pour doubler dans la largeur.

D ◯ Avancer les deux jambes.

E ◯ Taper avec une seule jambe pour faire tourner le cheval.

F ◯ Tourner le buste dans la direction à prendre.

7 Que faut-il faire pour trotter enlevé ?

A ❍ Incliner légèrement le buste en avant.

B ❍ Se raccrocher aux rênes.

C ❍ Retomber brusquement dans la selle.

D ❍ Reculer légèrement les jambes.

E ❍ Entretenir l'allure pour que le cheval ne repasse pas au pas.

F ❍ Se pencher en arrière.

8 En observant ces quatre cavaliers, tu dois pouvoir cocher les bonnes cases pour chacune de ces situations.

	Cavalier 1	Cavalier 2	Cavalier 3	Cavalier 4
Cavalier assis	❍	❍	❍	❍
Cavalier en suspension	❍	❍	❍	❍
Antérieur droit posé	❍	❍	❍	❍
Antérieur gauche posé	❍	❍	❍	❍

Réponses p. 190

9 Au galop, il faut :

A ❍ Se mettre en équilibre si le galop est rapide.

B ❍ Se pencher en avant en restant assis.

C ❍ Se raccrocher aux rênes.

D ❍ Suivre les mouvements de l'encolure avec les mains.

E ❍ Arrondir le dos et s'asseoir en arrière de la selle.

F ❍ Relâcher complètement les rênes.

10 En sautant de petits obstacles, il faut :

A ❍ Aborder l'obstacle en face et au milieu.

B ❍ Regarder par terre en sautant.

C ❍ Se mettre en équilibre sur des étriers réglés un peu courts.

D ❍ S'accrocher aux rênes.

E ❍ Relâcher complètement les rênes pendant le saut.

11 **Note en face des définitions les numéros des instruments de pansage qui figurent sur les dessins.**

A ○ Sert à brosser l'ensemble de la robe.

B ○ Sert à décrotter les parties charnues du cheval.

C ○ Sert à laver les yeux et les naseaux.

D ○ Sert à dégager les saletés tassées sous les sabots.

E ○ Étrille servant également à brosser les crins.

F ○ Sert à enlever la poussière en surface.

G ○ Sert à enlever la poussière à la base du poil.

12 **Inscris dans les cases un numéro de 1 à 4 pour indiquer l'ordre d'exécution de ces étapes du pansage :**

A ○ Brosser avec un bouchon.

B ○ Étriller.

C ○ Passer l'époussette.

D ○ Passer la brosse douce.

Réponses p. 190

13 Quelles sont les précautions nécessaires pour mettre un filet à ton cheval ?

A ◯ Brider le cheval libre après l'avoir sellé.

B ◯ Taper avec le mors sur les dents pour qu'il ouvre sa bouche.

C ◯ Toucher le moins possible les oreilles en passant la têtière.

D ◯ Laisser pendre les rênes.

E ◯ Placer le toupet par-dessus le frontal.

F ◯ Attacher le cheval avec les rênes.

G ◯ Serrer au maximum la sous-gorge.

14 Lorsque le filet est en place, il faut vérifier que :

A ◯ Les commissures des lèvres ne sont pas comprimées.

B ◯ Les montants sont bien à plat.

C ◯ La sous-gorge ne comprime pas la gorge.

D ◯ Une oreille n'est pas coincée par la têtière.

E ◯ Le frontal est placé par-dessus le toupet.

15 Comment procéder pour seller correctement un cheval ?

- A ◯ Remonter les étriers pour transporter la selle.
- B ◯ Poser la selle en arrière et la glisser vers l'avant.
- C ◯ Laisser tomber la sangle, qui va frapper les tendons.
- D ◯ Placer la sangle à un plat de main derrière les coudes des antérieurs.
- E ◯ Dégarrotter le tapis de selle.
- F ◯ Serrer tout de suite la sangle à fond.

16 Lorsque ton cheval est sellé, il faut vérifier que :

- A ◯ La selle est correctement sanglée.
- B ◯ Un étrier n'est pas coincé sous la selle.
- C ◯ Les faux quartiers ne sont pas retournés.
- D ◯ Le tapis ne fait pas de pli.
- E ◯ La sangle est placée contre les antérieurs.
- F ◯ Le tapis comprime le garrot.

Réponses p. 190

17 Quelles précautions faut-il prendre pour mettre et enlever correctement une couverture ?

A ○ Laisser de la liberté au niveau du poitrail.

B ○ Boucler les sangles pour que la couverture ne tourne pas.

C ○ Mettre n'importe quelle couverture sans tenir compte de la taille.

D ○ Mettre la couverture sur un cheval sec.

E ○ Plier la couverture en l'enlevant.

F ○ Ranger la couverture dans un endroit sec.

18 Que sais-tu sur les couvertures ?

A ○ Elles protègent le cheval tondu.

B ○ Toutes les couvertures sont utilisées avec un surfaix.

C ○ Une chemise est plus fine qu'une couverture.

D ○ Couvertures et chemises doivent être régulièrement lavées.

19 Quelles précautions faut-il prendre avec le matériel ?

- **A** ◯ Éviter de laisser les cuirs sous la pluie.
- **B** ◯ Poser la selle et le bridon directement par terre.
- **C** ◯ Entretenir régulièrement les cuirs.
- **D** ◯ Ranger la selle dans un endroit sec.
- **E** ◯ Ne pas laisser la selle à portée des dents du cheval.
- **F** ◯ Laver le mors après chaque usage.
- **G** ◯ Débarrasser la sellerie des souris qui rongent les cuirs.

20 Sais-tu comment entretenir le harnachement ?

- **A** ◯ Laver les cuirs à grande eau.
- **B** ◯ Nettoyer régulièrement les cuirs avec du savon glycériné.
- **C** ◯ Démonter le bridon pour le nettoyer à fond.
- **D** ◯ Graisser les cuirs pour les assouplir.
- **E** ◯ Vérifier que le harnachement n'est ni usé ni décousu.
- **F** ◯ Laver régulièrement le tapis de selle.

Réponses p. 190

21 Note dans les bonnes cases de la liste les numéros correspondant aux différentes parties du filet représenté sur le dessin.

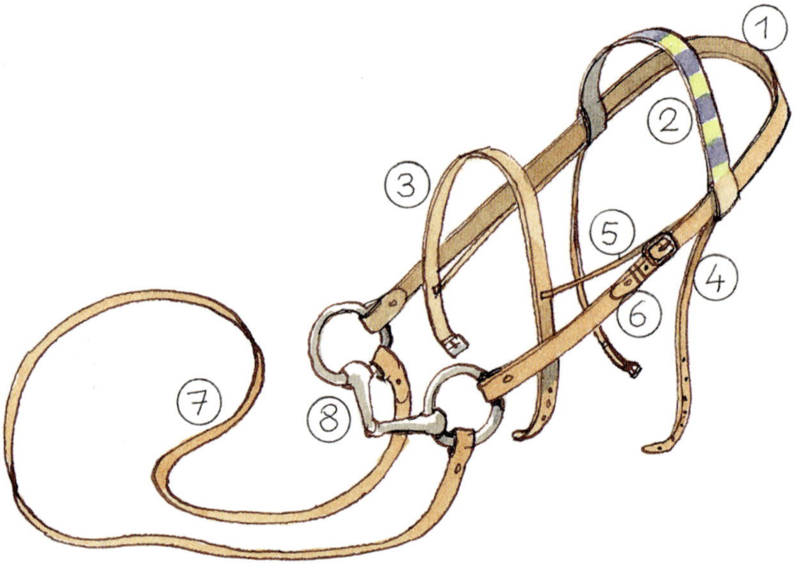

A ○ Montant de filet

B ○ Muserolle

C ○ Frontal

D ○ Têtière

E ○ Sous-gorge

F ○ Montant de la muserolle

G ○ Rênes

H ○ Mors

22 Note dans les bonnes cases de la liste les numéros correspondant aux différentes parties de la selle représentée sur le dessin.

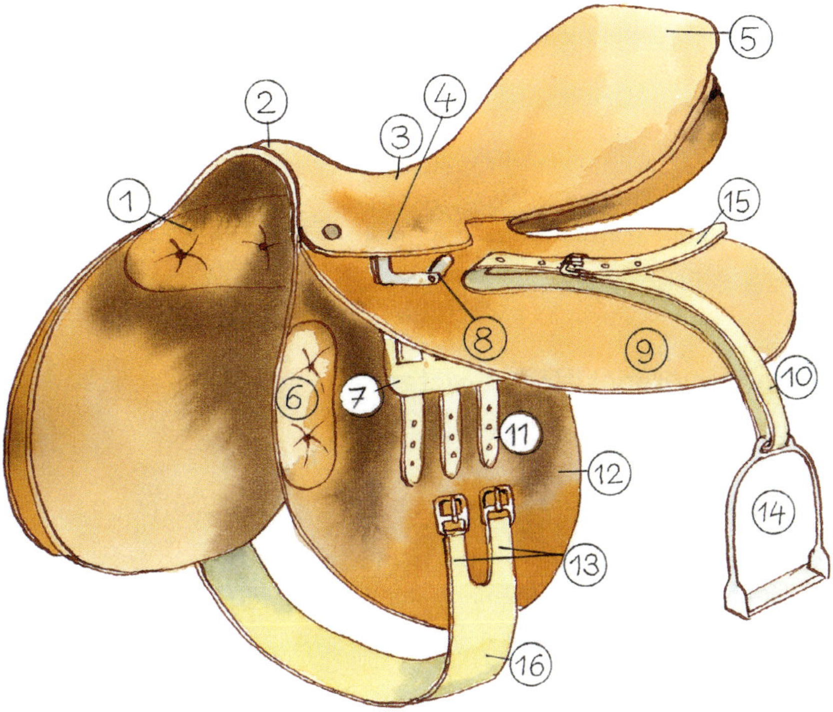

- **A** ◯ Troussequin
- **B** ◯ Quartier
- **C** ◯ Pommeau
- **D** ◯ Contre-sanglons
- **E** ◯ Matelassure
- **F** ◯ Taquet
- **G** ◯ Couvre-boucles
- **H** ◯ Sangle
- **I** ◯ Petit quartier
- **J** ◯ Siège
- **K** ◯ Couteau d'étrivière
- **L** ◯ Pendant d'étrivière
- **M** ◯ Étrivière
- **N** ◯ Faux quartier
- **O** ◯ Étrier
- **P** ◯ Sanglons

Réponses p. 190

23 Les robes des chevaux peuvent présenter des particularités qui permettent de les différencier. Connais-tu les principales particularités ?

A ❍ Une marque blanche sur un membre s'appelle une balzane.

B ❍ Une liste se situe sur le dos du cheval.

C ❍ Une marque blanche sur le chanfrein s'appelle une liste.

D ❍ L'en-tête est une marque blanche sur le front.

24 Coche les propositions exactes.

A ❍ Les crins d'un cheval bai sont noirs.

B ❍ Un cheval alezan ne peut pas avoir de balzane.

C ❍ Les balzanes ont toutes la même longueur.

25 Coche les cases correspondant aux aides naturelles ou artificielles.

	Nom de l'aide	Aides naturelles	Aides artificielles
A	Mains	❍	❍
B	Cravache	❍	❍
C	Éperons	❍	❍
D	Jambes	❍	❍
E	Voix	❍	❍
F	Poids du corps	❍	❍

26 Coche les cases correspondant aux actions faisant intervenir les mains ou les jambes.

	Effet recherché	Mains	Jambes
A	Mettre le cheval en avant	❍	❍
B	Accélérer	❍	❍
C	Ralentir	❍	❍
D	Tourner	❍	❍

27 Sais-tu quelles aides utiliser pour avancer ?

A ❍ Il faut accompagner le dos du cheval avec son propre bassin.

B ❍ Des pressions successives des jambes font avancer le cheval.

C ❍ Les coups dans la bouche font avancer le cheval.

D ❍ Ce sont les mains qui font avancer le cheval.

E ❍ Un petit toucher de cravache sur l'épaule réveille l'impulsion.

F ❍ Les mains ne doivent pas contredire les jambes.

Réponses p. 190

28 Connais-tu les principales règles de sécurité que tout cavalier doit respecter dans le club ?

A ○ Attacher le cheval n'importe où.

B ○ Attacher le cheval avec les rênes.

C ○ Laisser le cheval en liberté dans le club.

D ○ Laisser un petit enfant jouer près des chevaux.

E ○ Être très prudent dans tous les contacts avec les chevaux.

29 Connais-tu les principales règles de sécurité que tout cavalier doit respecter à l'extérieur ?

A ○ Marcher à droite et en file sur une route.

B ○ Traverser une route sans regarder.

C ○ Attacher le cheval à une gouttière.

D ○ Marcher en dehors des chemins en forêt.

E ○ Ne pas marcher sur des terrains cultivés.

F ○ Respecter le code de la route.

30 Note dans les bonnes cases de la liste les numéros des activités équestres représentées sur les dessins ci-dessous.

- **A** ◯ Dressage
- **B** ◯ Attelage
- **C** ◯ Course d'endurance
- **D** ◯ Pony games
- **E** ◯ Équitation américaine
- **F** ◯ Polo
- **G** ◯ Équitation camarguaise
- **H** ◯ Concours de saut d'obstacles
- **I** ◯ Concours complet d'équitation
- **J** ◯ Voltige
- **K** ◯ TREC
- **L** ◯ Monte en amazone
- **M** ◯ Horse-ball
- **N** ◯ Hunter

Réponses p. 190

Numéro des questions	Bonnes réponses
1	A, D
2	B, D
3	C, D, F
4	B, C, D
5	A, B, D
6	A, C, F
7	A, D, E
8	assis : 2, 3, 4 ; en suspension : 1 ; droit posé : 1, 3 ; gauche posé : 2, 4
9	A, D
10	A, C
11	A5, B1, C6, D4, E7, F3, G2
12	A2, B1, C4, D3
13	C, E
14	A, B, C, D
15	A, D, E
16	A, B, C, D
17	A, B, D, E, F
18	A, C, D
19	A, C, D, E, F, G
20	B, C, D, E, F
21	A6, B3, C2, D1, E4, F5, G7, H8
22	A5, B9, C2, D11, E1, F6, G7, H16, I4, J3, K8, L15, M10, N12, O14, P13
23	A, C, D
24	A
25	naturelles : A, D, E, F ; artificielles : B, C
26	mains : C, D ; jambes : A, B, D
27	A, B, E, F
28	E
29	A, E, F
30	A2, B4, C6, D8, E10, F12, G14, H1, I3, J5, K7, L9, M11, N13

CONCLUSION

Puisque tu as bien réussi tes deux premiers Galops, te voilà prêt à aborder les Galops 3 et 4, en utilisant le manuel suivant. Tout au long de ton apprentissage de cavalier, ne te décourage pas. La préparation de chaque examen t'apportera des connaissances nouvelles et complémentaires, pour faire de toi un cavalier complet, qui maîtrise tant la pratique que les savoirs théoriques indispensables à la compréhension des besoins du cheval.
Bon courage, ne désespère jamais, même si parfois tu as l'impression de ne pas progresser, car même les grands cavaliers sont passés par là !

Illustrations : Yvan Benoist-Gironière

Photographies : Thierry Ségard

Directeur de collection : Claude Lux

Responsable d'édition : Coralie Moutat

Éditrice : Manon Siracusa

Responsable de fabrication : Claire Leleu

Fabricante : Charlotte Roullier

Mise en pages : Patrick Leleux PAO

Photogravure : Chromostyle

23, rue de l'École-de-Médecine, 75006 Paris, France.

ISBN : 978-2-7114-2683-6

Dépôt légal : avril 2023

Achevé d'imprimer en Espagne par Estellaprint en mars 2023.